高等学校创新性数智化应用型经济管理规划教材（审计系列）

总主编/李雪　主审/徐国君

# 审计实务学习指导书（第三版）

李雪◎主编

**图书在版编目(CIP)数据**

审计实务学习指导书 / 李雪主编. -- 3 版. -- 上海：立信会计出版社，2024.9. -- ISBN 978-7-5429-7257-6

Ⅰ. F239.0

中国国家版本馆 CIP 数据核字第 2024YP1114 号

| | |
|---|---|
| 策划编辑 | 方士华 |
| 责任编辑 | 赵志梅 |
| 助理编辑 | 窦乔伊 |
| 美术编辑 | 吴博闻 |

## 审计实务学习指导书（第三版）
SHENJI SHIWU XUEXI ZHIDAOSHU

| | | | | |
|---|---|---|---|---|
| 出版发行 | 立信会计出版社 | | | |
| 地　　址 | 上海市中山西路 2230 号 | | 邮政编码 | 200235 |
| 电　　话 | (021)64411389 | | 传　真 | (021)64411325 |
| 网　　址 | www.lixinph.com | | 电子邮箱 | lixinaph2019@126.com |
| 网上书店 | http://lixin.jd.com | | | http://lxkjcbs.tmall.com |
| 经　　销 | 各地新华书店 | | | |
| 印　　刷 | 上海华业装璜印刷有限公司 | | | |
| 开　　本 | 787 毫米×1092 毫米　　1/16 | | | |
| 印　　张 | 11.5 | | | |
| 字　　数 | 252 千字 | | | |
| 版　　次 | 2024 年 9 月第 3 版 | | | |
| 印　　次 | 2024 年 9 月第 1 次 | | | |
| 书　　号 | ISBN 978-7-5429-7257-6/F | | | |
| 定　　价 | 35.00 元 | | | |

如有印订差错，请与本社联系调换

# 总 序

教材是高校实现人才培养目标的重要载体,教材及教材建设对高校发展具有举足轻重的作用。与培养模式相对应的教材是培养合格人才的基本保证,是实现培养目标的重要工具。由于历史的原因,在财经类教材的出版方面,相关出版社出版研究型本科或者高职高专、中等职业等层次的教材较多,应用型本科教材较少。虽然近年来一些应用型本科教材也陆续出版,但总体而言,这些教材还是缺乏权威性、普适性、实用性、创新性。造成这种状况的原因主要在于:出版社对财经类应用型本科教材的出版还不够重视,没有进行有效的组织;财经类应用型本科院校多为新建院校,教材建设相对滞后,主观上也较愿意使用研究型本科教材;在教材使用中存在比较严重的混用现象,教材目标读者群不明确,如不少教材既适用于研究型本科院校又适用于应用型本科院校,或者既适用于本科院校又适用于高职高专院校。

由于目前财经类应用型本科教材种类和数量匮乏或质量欠佳,财经类应用型本科院校不得不沿用传统研究型教材。这些教材本身的质量很好、级别很高,但是并不适用于应用型本科院校的教学,教师和学生普遍反映不好用。即使在全国范围看,也还没有相对成套、成熟的适合财经类应用型本科院校的教材。现有教材存在的主要问题包括:①教材的定位和要求过高;②教材的内容偏多、难度偏大;③教材着重于理论解释,相关案例、实训等内容较少,缺乏普适性、实用性。

与此同时,信息技术的快速发展使学生的学习习惯和阅读习惯发生了改变,不断朝个性化、自主学习的方向发展,传统的单一纸质教材已经无法适应这种变化。翻转课堂、慕课、微课等网络课程的兴起,混合式教学的不断推进,也对立体化教材建设提出了新的要求。教材作为一种课堂上的教学工具、一种传播媒介,理应顺势而为,随课堂形式、学生学习方式的改变而改变,朝着数字化、立体化、可视化的方向发展。因此,需要编写适应学生水平、便于学生接受的立体化财经类应用型本科教材。

我们组织具有多年应用型人才培养经验的优秀教师和实务界专家编写了这套教材。本系列教材有《会计基本技能》《出纳实务》《基础会计》《中级财务会计》《成本会计》《管理会计》《会计信息系统》《财务管理》《审计学》《高级财务会计》《商业分析》《税法》《经济法》《金融学》等品种。为了保证教材的质量,本系列教材聘请了知名高校的专家教授进行专门指导和审核。每本教材至少有一名本学科的知名专家或学科带头人提出审核指导意见,至少有一名高等院校教学一线的高级职称教师组织编写,至少有一名行业协会、实务界专家或教学研究机构人员提出编写建议。

本系列教材的特色如下。

1. 应用性

应用型本科的教材建设应坚持培养应用型本科人才的定位，充分吸收和借鉴传统的普通本科教材与高职高专类教材建设的优点和经验，以就业为导向，做到理论上高于高职高专类教材、动手能力的培养上高于传统的本科院校教材。本系列教材体现了应用型本科的定位，体现了素质教育和"以学生发展为本"的教育理念，遵循了高等教育教学基本规律，重视知识、能力和素质的协调发展，根据应用型人才培养模式对学生的创新精神、实践能力和适应能力的要求，在内容选材、教学方法、学习方法、实验和实训配套等方面突出了应用性特征。

2. 针对性

本系列教材的编写符合会计学、财务管理和审计学等专业的培养目标、培养需求、业务规格和教学大纲的基本要求，与各专业的课程结构和课程设置相对应，与课程平台和课程模块相对应。教材在结构纵横的布局、内容重点的选取、示例习题的设计等方面符合教改目标和教学大纲的要求，把教师的备课、试讲、授课、辅导答疑等教学环节有机地结合起来。

3. 立体化

本系列教材为立体化教材，实现了由传统纸质教材向"纸质教材＋数字资源"的转变，通过技术手段将晦涩难懂的理论知识转变为直观的具体知识，以立体化、数字化的方式呈现，包括图文、动画、音频、视频等多种形式，生动、有趣且易懂，不仅可以激发学生的学习兴趣，还有利于教学效果的提升。

4. 趣味性

本系列教材注重趣味性，使用了大量的例题和案例，每章都加入了"思政育人""相关思考""延伸阅读"等内容，使读者能够加深理解，便于掌握相关内容。在案例、例题等的设计选用上重点突出趣味性，易于引发读者的共鸣。

5. 先进性

本系列教材反映了应用型会计人才教育教学改革的内容，能够反映学科领域的新发展。教材的整体规划、每一种教材的内容构建等均体现了创新性。教材还强调了系列配套，包括了教材、学习参考书、教学课件等。立体化教材在内容修订上更具有明显优势，线上资源可以随时根据政策法规、理论知识或工作实务等的变化进行调整，更有利于保持教材内容的先进性。

6. 基础性

本系列教材将打破传统教材自身知识框架的封闭性，尝试多方面知识的融会贯通，注重知识层次的递进，体现每一门科目的基本内容，同时在具体内容上突出实际运用能力，做到"教师易教，学生乐学，技能实用"。

**7. 易于自学**

自学能力是大学生的一项基本能力。学生只有具备了自主学习的能力,才能最终建立起终身学习的保障体系,这也是应用型本科人才培养的客观要求。应用技术型高校的生源素质与普通高校相比存在一定的差距,除了一部分是高考发挥失误的学生,还有一部分学生在学习习惯、基础知识等方面存在一定的欠缺,这就要求教材能够调动这部分学生的学习积极性,在理论方面尽量通俗易懂,在实践方面尽量采用案例式教学。为了有利于学生课后自主学习,本系列教材配套了学习指导书和教学课件。

因此,本系列教材的定位准确,特色明显,适用于应用型本科院校教学,容易得到学生和市场的认可,便于学生的自学和教师的教学。

"十四五"高等学校创新性数智化应用型经济管理规划教材凝聚了众多领导、教授和专家多年来的经验和心血。当然,由于我们的经验和人力有限,教材中难免存在不足,我们期待着各位同行、专家和读者的批评指正。我们将伴随着经济发展和会计环境的变迁不断修订教材,以便及时反映学科的最新发展和人才培养的最新变化。

本系列教材自 2014 年出版后,得到市场的认可,深受广大高校师生的欢迎。为了更好地回馈读者,本系列教材从 2017 年起启动第二版的修订工作,2019 年启动第三版的修订工作,2021 年启动第四版的修订工作。各种教材的修订版将陆续出版。我们会一如既往地做好教材修订和相关服务工作,希望广大读者对本套系列教材继续给予支持。

李 雪

2024 年 1 月

# 第三版前言

审计实务是一门实践性较强的课程,要求学生在理解审计学基本理论的基础上,熟练掌握审计的操作实务。为帮助学生达到这一学习要求,提高学生的学习效率和学习质量,使学生能够深入地理解和掌握审计实务课程的重点与难点内容,我们根据"十四五"高等学校创新性数智化应用型经济管理规划教材(审计系列)《审计实务(第三版)》(李雪主编),并结合最新发布的会计准则、审计准则和内部控制规范,组织编写了这本《审计实务学习指导书(第三版)》,作为《审计实务(第三版)》一书的配套教材。

为加强学生对审计实务的理解,使学生更快地掌握审计的操作实务,满足培养应用技术型会计专业人才的教学需要,本书在《审计实务(第三版)》习题的基础上,不仅增加了习题的数量和题型,而且还相应地增加了习题的深度和难度,以使学生能够从不同的角度,全面、及时地掌握所学内容。

本书完全按照《审计实务(第三版)》教材的章节顺序进行编排。本书共分为三大部分:第一部分为"学习指导及思考与练习",每章包括"重点、难点讲解及典型例题""教材课后习题答案""思考与练习"模块;第二部分为"思考与练习参考答案";第三部分为"综合案例分析题、模拟测试题及其参考答案"。

本书由李雪担任主编,由李雪、马瑞颖负责相关修订工作。各章的编写分工为:第一、第二、第三章由李雪、阮宁编写,第四、第五章由李雪、泥丽丽、马瑞颖编写,第六、第七、第八章由李雪、王安娜、马瑞颖编写,第九、第十章由李雪、吴镇启编写。综合案例分析题、模拟测试题及其参考答案由李雪、吴镇启、泥丽丽、阮宁、王安娜编写。

由于审计实务的内容经常变动,有一些问题仍需要作深入的探讨;加上时间有限,作者的水平有待进一步提高,本书可能存在缺点或不足,也可能存在一些有争议的问题。我们希望听到读者对本书的意见和建议,欢迎对本书的不足之处批评指正,以便日后修订。

编 者
2024 年 7 月

# 目 录

## 第一部分　学习指导及思考与练习

**第一章　注册会计师审计的产生和发展** ⋯⋯⋯⋯⋯⋯⋯⋯⋯⋯⋯⋯⋯⋯ 3
　　重点、难点讲解及典型例题 ⋯⋯⋯⋯⋯⋯⋯⋯⋯⋯⋯⋯⋯⋯⋯⋯⋯ 3
　　教材课后习题答案 ⋯⋯⋯⋯⋯⋯⋯⋯⋯⋯⋯⋯⋯⋯⋯⋯⋯⋯⋯⋯ 4
　　思考与练习 ⋯⋯⋯⋯⋯⋯⋯⋯⋯⋯⋯⋯⋯⋯⋯⋯⋯⋯⋯⋯⋯⋯⋯ 6

**第二章　注册会计师审计职业** ⋯⋯⋯⋯⋯⋯⋯⋯⋯⋯⋯⋯⋯⋯⋯⋯⋯ 11
　　重点、难点讲解及典型例题 ⋯⋯⋯⋯⋯⋯⋯⋯⋯⋯⋯⋯⋯⋯⋯⋯⋯ 11
　　教材课后习题答案 ⋯⋯⋯⋯⋯⋯⋯⋯⋯⋯⋯⋯⋯⋯⋯⋯⋯⋯⋯⋯ 12
　　思考与练习 ⋯⋯⋯⋯⋯⋯⋯⋯⋯⋯⋯⋯⋯⋯⋯⋯⋯⋯⋯⋯⋯⋯⋯ 16

**第三章　销售与收款循环的审计** ⋯⋯⋯⋯⋯⋯⋯⋯⋯⋯⋯⋯⋯⋯⋯⋯ 20
　　重点、难点讲解及典型例题 ⋯⋯⋯⋯⋯⋯⋯⋯⋯⋯⋯⋯⋯⋯⋯⋯⋯ 20
　　教材课后习题答案 ⋯⋯⋯⋯⋯⋯⋯⋯⋯⋯⋯⋯⋯⋯⋯⋯⋯⋯⋯⋯ 21
　　思考与练习 ⋯⋯⋯⋯⋯⋯⋯⋯⋯⋯⋯⋯⋯⋯⋯⋯⋯⋯⋯⋯⋯⋯⋯ 26

**第四章　采购与付款循环的审计** ⋯⋯⋯⋯⋯⋯⋯⋯⋯⋯⋯⋯⋯⋯⋯⋯ 31
　　重点、难点讲解及典型例题 ⋯⋯⋯⋯⋯⋯⋯⋯⋯⋯⋯⋯⋯⋯⋯⋯⋯ 31
　　教材课后习题答案 ⋯⋯⋯⋯⋯⋯⋯⋯⋯⋯⋯⋯⋯⋯⋯⋯⋯⋯⋯⋯ 34
　　思考与练习 ⋯⋯⋯⋯⋯⋯⋯⋯⋯⋯⋯⋯⋯⋯⋯⋯⋯⋯⋯⋯⋯⋯⋯ 36

**第五章　生产与存货循环的审计** ⋯⋯⋯⋯⋯⋯⋯⋯⋯⋯⋯⋯⋯⋯⋯⋯ 41
　　重点、难点讲解及典型例题 ⋯⋯⋯⋯⋯⋯⋯⋯⋯⋯⋯⋯⋯⋯⋯⋯⋯ 41
　　教材课后习题答案 ⋯⋯⋯⋯⋯⋯⋯⋯⋯⋯⋯⋯⋯⋯⋯⋯⋯⋯⋯⋯ 44
　　思考与练习 ⋯⋯⋯⋯⋯⋯⋯⋯⋯⋯⋯⋯⋯⋯⋯⋯⋯⋯⋯⋯⋯⋯⋯ 45

**第六章　货币资金的审计** ⋯⋯⋯⋯⋯⋯⋯⋯⋯⋯⋯⋯⋯⋯⋯⋯⋯⋯⋯ 50
　　重点、难点讲解及典型例题 ⋯⋯⋯⋯⋯⋯⋯⋯⋯⋯⋯⋯⋯⋯⋯⋯⋯ 50

  教材课后习题答案 ………………………………………………………………… 53
  思考与练习 ……………………………………………………………………… 57

**第七章 对舞弊和法律法规的考虑** …………………………………………………… 63
  重点、难点讲解及典型例题 …………………………………………………… 63
  教材课后习题答案 ………………………………………………………………… 65
  思考与练习 ……………………………………………………………………… 70

**第八章 其他特殊项目的审计** ………………………………………………………… 76
  重点、难点讲解及典型例题 …………………………………………………… 76
  教材课后习题答案 ………………………………………………………………… 78
  思考与练习 ……………………………………………………………………… 85

**第九章 审阅和其他鉴证业务** ………………………………………………………… 91
  重点、难点讲解及典型例题 …………………………………………………… 91
  教材课后习题答案 ………………………………………………………………… 92
  思考与练习 ……………………………………………………………………… 95

**第十章 相关服务业务** ………………………………………………………………… 100
  重点、难点讲解及典型例题 …………………………………………………… 100
  教材课后习题答案 ………………………………………………………………… 101
  思考与练习 ……………………………………………………………………… 103

# 第二部分　思考与练习参考答案

# 第三部分　综合案例分析题、模拟测试题及其参考答案

综合案例分析题 ………………………………………………………………………… 119
综合案例分析题参考答案 ……………………………………………………………… 133
模拟测试题(一) ………………………………………………………………………… 143
模拟测试题(一)参考答案 ……………………………………………………………… 154
模拟测试题(二) ………………………………………………………………………… 158
模拟测试题(二)参考答案 ……………………………………………………………… 170

# 第一部分

# 学习指导及思考与练习

# 第一章 注册会计师审计的产生和发展

 **重点、难点讲解及典型例题**

本章主要讲述了西方注册会计师审计的产生及发展,中国注册会计师审计的产生及发展。

1. 注册会计师审计的产生,最早可以追溯到16世纪的意大利。

2. 注册会计师审计起源于意大利,英国在创立和传播注册会计师审计职业的过程中发挥了重要作用。从20世纪初开始,全球经济发展重心逐步由欧洲转向美国,美国的注册会计师审计因此得到了迅速发展,它对注册会计师职业在全球的迅速发展发挥了重要作用。

3. 18世纪末至19世纪的英国式审计的目的是查错防弊,检查结果也只向企业主报告。注册会计师审计产生的"催产剂"是1721年英国的"南海公司事件"。查尔斯·斯内尔以"会计师"名义出具了"查账报告书",从而宣告了独立会计师——注册会计师的诞生。英国政府于1844年颁布了《合股公司法》,规定股份公司必须设监察人,负责审查公司的账目。1853年,苏格兰爱丁堡创立了第一个注册会计师的专业团体——爱丁堡会计师协会。该协会的成立,标志着注册会计师职业的诞生。

4. 20世纪初的美国式审计以提供信用资金的银行为主要服务对象,主要职责是证明向银行借款企业的偿债能力,核心在于进行资产负债表审计,审计方法由英国式的详细审查初步转向抽样审查。1887年,美国公共会计师协会(American Association of Public Accountants)成立;1957年,该协会更名为美国注册会计师协会(American Institute of Certified Public Accountants),后来成为世界上最大的注册会计师职业团体。

5. 美国1933年《证券法》规定,在证券交易所上市的企业的财务报表必须接受注册会计师审计,向社会公众公布注册会计师出具的审计报告。当时,注册会计师审计的主要特点是:审计对象转为以资产负债表和损益表为中心的全部财务报表及相关财务资料;审计的主要目的是对财务报表发表审计意见,以确定财务报表的真实性、可靠性,查错防弊转为次要目的;审计范围已扩大到测试相关的内部控制,并以控制测试为基础进行抽样审计;审计报告使用人扩大到股东、债权人、证券交易机构、税务部门、金融机构和潜在投资者;开始拟订审计准则,审计工作向标准化、规范化过渡;注册会计师资格考试制度广泛推行,注册会计师专业素质普遍提高。

6. 20世纪40年代之后的现代审计阶段,形成了一批国际会计师事务所。2001年,美国爆发了安然公司会计造假丑闻。时至今日,尚有"四大"国际会计师事务所,即普华永道(PricewaterhouseCoopers)、安永(Ernst & Young)、毕马威(KPMG)、德勤(Deloitte Touche Tohmatsu Limited)。与此同时,审计技术也在不断发展:抽样审计方法得到普遍运用,风险导向审计方法得到推广,计算机辅助审计技术得到广泛采用。

7. 1918年,我国第一位注册会计师谢霖在北京创办了我国第一家会计师事务所——正则会计师事务所。

8. 1986年7月3日,国务院颁布《中华人民共和国注册会计师条例》,自当年10月1日起实施。1993年10月31日,第八届全国人民代表大会常务委员会第四次会议审议通过了《中华人民共和国注册会计师法》,自1994年1月1日起实施。

9. 改革开放以来,我国注册会计师行业经过恢复重建和不断发展,取得了显著成绩。注册会计师行业已经成为促进经济社会健康发展不可或缺的力量。但是,由于起步较晚、基础薄弱等多种原因,我国注册会计师行业的整体水平与经济社会发展要求和全球会计行业发展水平还有较大差距。

【例题1-1·单项选择题】 注册会计师审计产生的直接原因是(　　)。
A. 合伙企业制度的产生　　　　　　B. 股份制企业制度的形成
C. 资本市场的发展　　　　　　　　D. 所有权和经营权的分离
【答案】 D
【解析】 所有权和经营权分离,两者产生信息不对称,注册会计师审计应运而生。

## 教材课后习题答案

### 一、思考题

1. 当时地中海沿岸的商业城市已经比较繁荣,商业经营规模不断扩大,由于单个的业主难以向企业投入巨额资金,为适应筹集大量资金的需要,合伙制企业应运而生。合伙经营方式不仅提出了会计主体的概念,促进了复式簿记在意大利的产生和发展,还产生了对注册会计师审计的最初需求。尽管当时合伙制企业的合伙人都是出资者,但是有的合伙人参与企业的经营管理,有的合伙人则不参与,所有权和经营权开始分离。那些参与企业经营管理的合伙人有责任向不参与企业经营管理的合伙人证明合伙契约得到了认真履行,利润的计算与分配是正确、合理的,以保障全体合伙人的权利,进而保证合伙企业有足够的资金来源,使企业得以持续经营下去。在这种情况下,客观上需要独立的第三者对合伙企业进行监督、检查,人们开始聘请会计专家来担任查账和公证的工作,从而消除合伙人之间的相互猜疑,巩固合伙制的生产关系。这样,在16世纪意大利的商业城市中出现了一批具有良好的会计知识、专门从事查账和公证工作的专业人员,他们所进行的查账与公证,可以说是注册会计师审计的起源。

2. 从18世纪开始,英国的资本主义经济得到了迅速发展,生产的社会化程度大大提高，企业的所有权与经营权进一步分离。因此，企业主希望由外部的会计师来检查他们所雇用的管理人员是否存在贪污、盗窃和其他舞弊行为，于是英国出现了第一批以查账为职业的独立会计师。他们受企业主委托，对企业会计账目进行逐笔检查，目的是查错防弊，检查结果也只向企业主报告。

英国的产业革命推动了西方资本主义商品经济的迅速发展，导致以所有权和经营权相分离为重要特征的股份公司的出现，标志着社会经济领域中股东、债权人和企业管理当局之间新型"经济责任关系"的确立。股份有限公司的兴起，使公司的所有权与经营权进一步分离，绝大多数股东已完全脱离经营管理，他们出于对自身利益的考虑，非常关心公司的经营成果，以便作出是否继续持有公司股票的决定。证券市场上潜在的投资人同样十分关心公司的经营情况，以便决定是否购买公司的股票。同时，由于金融资本对产业资本的逐步渗透，增加了债权人的风险，他们也非常重视公司的生产经营情况，以便作出是否继续贷款或者是否索偿债务的决定，而公司的财务状况和经营成果，只能通过公司提供的财务报表来反映。因此，在客观上产生了由独立会计师对公司财务报表进行审计，以保证财务报表真实可靠的需求。

注册会计师审计产生的"催产剂"是1721年英国的"南海公司事件"。查尔斯·斯内尔以"会计师"名义出具了"查账报告书"，从而宣告了独立会计师——注册会计师的诞生。

英国政府于1844年颁布了《合股公司法》，又于1845年对《合股公司法》进行了修订，规定股份公司的账目必须经董事以外的人员审计。于是，独立会计师业务得到迅速发展，独立会计师人数越来越多。此后，英国政府对一批精通会计业务、熟悉查账知识的独立会计师进行了资格确认。1853年，苏格兰爱丁堡创立了第一个注册会计师的专业团体——爱丁堡会计师协会。该协会的成立，标志着注册会计师职业的诞生。1862年，《合股公司法》经重大修改，首次正式称为《公司法》，确定了注册会计师为法定的破产清算人，奠定了注册会计师审计的法律地位。

在这一时期内，由于英国的法律规定股份公司和银行必须聘请注册会计师审计，英国注册会计师审计得到了迅速发展，并对当时欧洲、美国及日本等产生了重要影响。

3. 两者是继承与发展的关系。英国开创的审计技术和方法，是一种详细审计。这种审计要求以经济业务为基础，通过审核所有经济业务、会计凭证、会计账簿和财务报表，以发现记账差错和舞弊行为，审计的目的是查错防弊，保护企业资产的安全和完整，审计报告使用人主要为企业股东等。

美国早期的注册会计师审计受英国影响较深。20世纪早期的美国，经济形势发生了很大变化。由于金融资本对产业资本更为广泛的渗透，企业同银行的利益关系更加紧密，银行逐渐把企业资产负债表作为了解企业信用的主要依据，于是在美国产生了帮助贷款人及其他债权人了解企业信用的资产负债表审计，即美国式注册会计师审计。在这一时期，美国式的注册会计师审计以提供信用资金的银行为主要服务对象，主要是证明向银行借款企业的偿债能力，核心在于进行资产负债表审计，审计方法由英国式的详细审查初步转向抽样审查。这种方式是抽样审计的开始，它给注册会计师审计的发展带来了新的思维方式和新的技术方法。

4. 注册会计师审计是伴随商品经济产生和发展起来的。我国注册会计师审计起步较晚,这是由于小农经济发达,封建专制体制压制了商品经济的发展,导致商品经济长期落后于西方国家。20世纪初"中华民国"成立后,随着民族工商业的逐渐兴起,私有制经济开始萌芽并蓬勃发展,合资、合股经营等企业组织形式出现,为我国注册会计师审计的产生和发展奠定了客观基础。我国注册会计师审计在发展过程中,经历了许多波折,如中华人民共和国成立之后曾推行苏联高度集中的计划经济模式,导致注册会计师悄然退出了经济舞台。因此,我国注册会计师审计的产生和发展滞后于西方。

5. 相同点:

(1) 产生的根本原因一致。注册会计师审计起源于企业所有权和经营权的分离,是市场经济发展到一定阶段的产物。

(2) 发展的根本动力一致。注册会计师审计随着商品经济的发展而发展,伴随着资本市场的发展而逐步完善起来。

不同点:

(1) 产生的时间有差异。注册会计师审计起源于16世纪的意大利,英国在注册会计师职业的形成和发展过程中发挥了重要作用,英国政府于1844年颁布了《合股公司法》,规定股份公司必须设监察人,负责审查公司的账目。中国注册会计师审计的历史比西方国家要短得多,中国的注册会计师审计始于辛亥革命之后。

(2) 发展进程有所不同。西方注册会计师审计拥有深厚的历史渊源,经历了英国式审计阶段、美国式审计阶段、以美国为代表的会计报表审计阶段和现代审计阶段,带动了注册会计师审计快速发展和不断完善。中国注册会计师审计起步晚、基础薄弱,并在计划经济时期经历了较多波折,在改革开放后得到了较快的发展,但是中国注册会计师行业的整体水平与经济社会发展要求和全球会计行业发展水平还有较大差距。

## 二、选择题

| 1 | 2 | 3 | 4 | 5 | 6 | 7 |
| --- | --- | --- | --- | --- | --- | --- |
| ABD | D | ABCD | AB | C | C | ABCD |

 思考与练习

### 一、单项选择题

1. 回顾注册会计师审计产生与发展的历程,代表了注册会计师审计具有法律地位的标志是(    )。

   A. 英国股份公司的兴起使企业所有权和经营权进一步分离
   B. 意大利合伙企业制度的产生
   C. 美国资产负债表审计的出现

D. 英国于 1862 年修订的《公司法》确定注册会计师为法定的破产清算人
2. 1980 年 12 月,财政部发布( ),标志着我国注册会计师职业开始复苏。
   A.《会计师条例》
   B.《关于成立会计顾问处的暂行规定》
   C.《关于成立会计师事务所的通知》
   D.《中华人民共和国注册会计师法》
3. 注册会计师审计的产生,最早可以追溯到( )。
   A. 14 世纪的意大利          B. 16 世纪的意大利
   C. 16 世纪的英国            D. 18 世纪的英国
4. ( )产生了对注册会计师审计的最初需求。
   A. 合伙经营方式            B. 股份制的产生
   C. 有限责任制度的诞生      D. 个人独资经营方式
5. 注册会计师审计产生的"催产剂"是( )。
   A. 1721 年意大利的"南海公司事件"   B. 1721 年英国的"南海公司事件"
   C. 1721 年英国的"东海公司事件"     D. 1721 年美国的"东海公司事件"
6. ( )宣告了独立会计师——注册会计师的诞生。
   A. 英国会计师查尔斯·斯内尔        B. 法国会计师查尔斯·斯内尔
   C. 法国会计师麦克森·罗宾斯        D. 英国会计师麦克森·罗宾斯
7. ( )创立了第一个注册会计师的专业团体,该协会的成立,标志着注册会计师职业的诞生。
   A. 苏格兰爱丁堡            B. 意大利米兰
   C. 美国华盛顿              D. 法国巴黎
8. 美国式的注册会计师审计以( )为主要服务对象。
   A. 股东                    B. 合伙人
   C. 接受企业服务的顾客      D. 提供信用资金的银行
9. 在注册会计师审计发展过程中,转为以资产负债表和损益表为中心的阶段是( )。
   A. 1844 年至 20 世纪初的英式详细审计
   B. 20 世纪初开始的美式资产负债表审计
   C. 1933 年美国《证券法》实施后
   D. 2002 年,美国《萨班斯—奥克斯利法案》实施后
10. 下列关于现代风险导向审计的说法中,错误的是( )。
    A. 以系统观和战略观为指导思想
    B. 采用"自上而下"的方式,通过对客户的战略及经营风险的识别和评估,判断高风险审计领域
    C. 采用"自上而下"的方式,设计并实施必要的实质性测试,将检查风险降低到可接

D. 结合"自下而上"的方式，设计并实施必要的实质性测试，将检查风险降低到可接受水平

## 二、多项选择题

1. 20世纪三四十年代，注册会计师审计的主要特点有（　　）。
   A. 审计的主要目的是查错防弊，保护企业资产的安全和完整
   B. 审计对象是以资产负债表和损益表为中心的全部财务报表及相关财务资料
   C. 以控制测试为基础使用抽样审计
   D. 审计报告使用人是股东和债权人

2. 由于审计环境的变化，注册会计师一直随着审计环境的变化调整着审计方法，审计方法包括（　　）。
   A. 制度基础审计　　　　　　　　B. 报表基础审计
   C. 账项基础审计　　　　　　　　D. 风险导向审计

3. 下列关于审计方法的表述中，正确的有（　　）。
   A. 审计方法从账项基础审计发展到风险导向审计，都是注册会计师为了适应审计环境的变化而作出的调整
   B. 制度基础审计方法是指以控制测试为基础的抽样审计
   C. 账项基础审计方法是指以控制测试为基础的抽样审计
   D. 风险导向审计方法是以审计风险模型为基础进行的审计

4. 以下关于20世纪30年代之后以美国为代表的财务报表审计的说法中，正确的有（　　）。
   A. 审计对象转为以资产负债表和损益表为中心的全部财务报表及相关财务资料
   B. 审计的主要目的是对财务报表发表审计意见，以确定财务报表的真实可靠，查错防弊转为次要目的
   C. 审计范围已扩大到测试相关的内部控制，并以控制测试为基础进行抽样审计
   D. 审计报告使用人扩大到股东、债权人、证券交易机构、税务部门、金融机构及潜在投资者

5. 下列关于中国注册会计师审计的产生的说法中，正确的有（　　）。
   A. 谢霖在北京创办了中国第一家会计师事务所——正则会计师事务所
   B. 1930年，国民政府颁布了《会计师条例》，确立了会计师的法律地位
   C. 1933年，我国成立了全国会计师协会。至1947年，全国已拥有注册会计师2 619人，并建立了一批会计师事务所
   D. 在中华人民共和国建立初期，注册会计师审计未能在经济恢复工作中发挥积极作用

6. 下列关于我国注册会计师的发展的说法中，正确的有（　　）。

A. 1980年,财政部发布《关于成立会计顾问处的暂行规定》,标志着我国注册会计师职业开始重建

B. 1980年,财政部颁布《中华人民共和国中外合资经营企业所得税法实施细则》,为恢复我国注册会计师制度提供了法律依据

C. 1981年1月1日,上海会计师事务所成立,成为新中国第一家由财政部批准独立承办注册会计师业务的会计师事务所

D. 1988年11月15日,中国注册会计师协会成立,我国注册会计师行业开始步入政府监督和指导、行业协会自我管理的轨道

7. 在国家法律、法规的规范下,我国注册会计师行业得到了快速发展。下列说法中,正确的有( )。

A. 注册会计师行业从最初主要为"三资"企业提供查账、资本验证等服务,发展到为所有企业提供财务报表审计业务,执业范围得到进一步扩展和延伸

B. 2006年,中国注册会计师协会拟订了《中国注册会计师鉴定业务基本准则》等22项准则,修订了26项准则,建立起了一套既适应社会主义市场经济建设要求又与国际准则相接轨的审计准则体系

C. 2004年,我国创立了会计师事务所执业质量检查制度,从以往的以专案、专项检查为主要方式向5年一个周期的制度性、全面性检查转变,并开展了全国性的会计师事务所执业质量检查工作

D. 1996年10月,中国注册会计师协会加入亚太会计师联合会,并于1997年4月亚太会计师联合会第四十八次理事会上当选为理事

8. 下列有关注册会计师审计的说法中,正确的有( )。

A. 政府审计比注册会计师审计更具有独立性

B. 注册会计师审计的独立体现为双向独立

C. 注册会计师审计实际上是提供一种有偿服务

D. 注册会计师在执行审计时可以利用内部审计的工作成果

9. 2009年10月3日,经国务院批准,国务院办公厅转发财政部《关于加快发展我国注册会计师行业的若干意见》(以下简称《意见》)。下列关于《意见》的说法中,正确的有( )。

A. 根据《意见》,我国力争通过5年左右的时间,努力实现会计师事务所的规模结构优化合理

B. 积极促进中型会计师事务所健康发展,努力形成100家左右能够为大中型企事业单位及上市公司提供高质量服务、管理规范的中型会计师事务所

C. 在确保公司依法接受注册会计师审计的同时,将医院等医疗卫生机构、大中专院校和基金会等非营利组织的财务报表纳入注册会计师审计范围

D. 在巩固财务会计报告审计、资本验证、涉税鉴证等业务的基础上,积极向企事业单位内部控制、管理咨询、并购重组、资信调查、专项审计、业绩评价、司法鉴定、投资

决策、政府购买服务等相关业务领域延伸

10. 下列关于审计对象的说法中,正确的有(　　)。
    A. 不论是政府审计还是注册会计师审计、内部审计,都要求以被审计单位客观存在的财务收支及其有关的经营管理活动为审计对象
    B. 政府审计的对象包括一切营利及非营利单位
    C. 注册会计师的审计对象就是指被审计单位的会计资料和其他相关资料
    D. 审计对象可概括为被审计单位的经济活动

### 三、判断题

1. 注册会计师审计起源于意大利,对后来注册会计师审计事业的发展影响重大,甚至超过了英国。(　　)
2. 审计是在所有权和经营权分离后所形成的受托经济责任关系下,基于经济监督的客观需要而产生的。(　　)
3. 中国的注册会计师审计产生于辛亥革命之前。(　　)
4. 1993年10月31日,第八届全国人大常委会第四次会议审议通过了《中华人民共和国注册会计师法》。(　　)
5. 注册会计师审计产生的"催产剂"是1721年英国的"南海公司事件"。(　　)
6. 风险导向审计也称风险基础审计,它的发展可分为两个时期,传统风险导向审计时期和现代风险导向审计时期。(　　)
7. 在资产负债表审计阶段,审计是对企业会计账目进行逐笔检查,目的是查错防弊。(　　)
8. 美国1933年《证券法》规定,在证券交易所上市的企业的财务报表必须接受注册会计师审计,向社会公众公布注册会计师出具的审计报告。(　　)
9. 英式审计以提供信用资金的银行为主要服务对象,主要是证明向银行借款企业的偿债能力。(　　)
10. 1887年,美国公共会计师协会成立;1957年,该协会更名为美国注册会计师协会,后来成为世界上最大的注册会计师职业团体。(　　)

# 第二章 注册会计师审计职业

 重点、难点讲解及典型例题

本章主要讲述了注册会计师的业务范围、在执行审计业务时应遵守的执业准则和职业道德守则,注册会计师的资格取得和注册,会计师事务所的组织形式和设立条件,我国注册会计师协会的职责以及专门(业)委员会的职责以及我国审计准则的国际趋同。

1. 根据《中华人民共和国注册会计师法》的规定,注册会计师依法承办审计业务和会计咨询、会计服务业务。此外,注册会计师还根据委托人的委托,从事审阅业务、其他鉴证业务和相关服务业务。

2. 按照保证程度的不同,鉴证业务又可以分为审计、审阅以及其他鉴证业务。

3. 中国注册会计师执业准则体系受注册会计师职业道德守则统驭,包括注册会计师业务准则和会计师事务所质量管理准则。注册会计师业务准则又包括鉴证业务准则和相关服务准则两个部分。

4. 鉴证业务准则由鉴证业务基本准则统领,按照鉴证业务提供的保证程度和鉴证对象的不同,分为审计准则、审阅准则和其他鉴证业务准则。其中,审计准则是整个执业准则体系的核心。

5. 职业道德基本原则有:诚信、独立、客观和公正、专业胜任能力和勤勉尽责、保密、良好职业行为。

6. 职业道德概念框架旨在为注册会计师提供解决职业道德问题的思路和方法,要求注册会计师识别对职业道德基本原则的不利影响,评价不利影响的严重程度,必要时采取防范措施消除不利影响或将其降低至可接受的水平。

7. 会计师事务所主要有独资、普通合伙、有限责任、有限责任合伙四种组织形式。《中华人民共和国注册会计师法》规定了两种会计师事务所组织形式,分别是合伙制与有限责任公司制。

8. 中国注册会计师协会的会员分为个人会员和团体会员。个人会员又分为执业会员和非执业会员。其中,依法取得中国注册会计师执业证书的,为执业会员。

【例题 2-1·单项选择题】 下列各项中,通常不属于审计报告预期使用者的是(    )。

A. 被审计单位的股东
B. 被审计单位的管理层

C. 对被审计单位财务报表执行审计的注册会计师

D. 向被审计单位提供贷款的银行

【答案】 C

【解析】 注册会计师是执行审计业务的主体。

【例题2-2·单项选择题】 下列关于注册会计师执行的业务中,保证程度最高的是（  ）。

A. 财务报表审计      B. 财务报表审阅

C. 代编财务信息      D. 对财务信息执行的商定程序

【答案】 A

【解析】 审计业务提供的是合理保证,是最高的保证程度。

## 教材课后习题答案

### 一、思考题

1.（1）管理咨询业务。管理咨询服务范围很广,主要包括与企业日常经营管理相关的管理咨询服务、涉及企业并购重组中的管理咨询服务、涉及企业的争端分析与调查的管理咨询服务、企业的风险管理咨询服务、其他代理咨询服务以及其他特定领域的管理咨询服务。

（2）会计服务业务。注册会计师提供的会计咨询和会计服务业务,包括开业时、日常的、结业时以及特定领域或其他形式的会计服务业务。注册会计师执行的会计咨询、会计服务业务属于服务性质,是所有具备条件的中介机构甚至个人都能够从事的非法定业务。

（3）税务服务业务。税务服务业务包括日常税务咨询业务和特定领域或其他事项税务咨询。

（4）执行商定程序业务。执行商定程序业务是指注册会计师利用专业知识及其累积的经验和声誉对财务信息执行与委托人或其相关利益人商定的程序,并报告其结果。要求注册会计师精通企业内部控制及其业务流程与控制;熟悉执行商定程序的事项相关的法律、法规和政策规定。

2. 按照保证程度的不同,鉴证业务又可以分为审计、审阅以及其他鉴证业务。其中,审计业务包括审查财务报表,出具审计报告;进行专项审计业务,出具相关审计报告;办理法律、行政法规规定的其他审计业务,出具相应的审计报告。审阅业务的目标是注册会计师在实施审阅程序的基础上,说明是否注意到某些事项,使其相信财务报表没有按照适用的会计准则的规定编制,未能在所有重大方面公允反映被审阅单位的财务状况、经营成果和现金流量。相对审计而言,审阅程序简单,保证程度有限,审阅成本也较低。除了审计和审阅业务,注册会计师还承办其他鉴证业务,如企业效率审计、企业碳排放审计、系统鉴证等,这些鉴证业务可以增强使用者的信任程度。

3. 职业道德基本原则有：诚信、独立、客观和公正、专业胜任能力和应有的关注、保密、良好职业行为。

4. 根据《注册会计师注册办法》（财政部令第 25 号）的规定，具备下列条件之一，并在中国境内从事审计业务工作 2 年以上者，可以向省级注册会计师协会申请注册：①参加注册会计师全国统一考试成绩合格；②经依法认定或者考核具有注册会计师资格。

注册申请人有下列情形之一的，不予注册：①不具有完全民事行为能力的；②因受刑事处罚，自刑罚执行完毕之日起至申请注册之日止不满 5 年的；③因在财务、会计、审计、企业管理或者其他经济管理工作中犯有严重错误受行政处罚、撤职以上处分，自处罚、处分决定生效之日起至申请注册之日止不满 2 年的；④受吊销注册会计师证书的处罚，自处罚决定生效之日起至申请注册之日止不满 5 年的；⑤因以欺骗、贿赂等不正当手段取得注册会计师证书而被撤销注册，自撤销注册决定生效之日起至申请注册之日止不满 3 年的；⑥不在会计师事务所专职执业的；⑦年龄超过 70 周岁的。

5. 会计师事务所转制为特殊普通合伙组织形式，其具备注册会计师执业资格的合伙人应当符合下列条件：①在会计师事务所专职执业；②成为合伙人前 3 年内没有因为执业行为受到行政处罚；③有取得注册会计师证书后最近连续 5 年在会计师事务所从事法定审计业务的经历，其中在境内会计师事务所的经历不少于 3 年；④成为合伙人前 1 年内没有因采取隐瞒或提供虚假材料、欺骗、贿赂等不正当手段申请设立会计师事务所而被省级财政部门作出不予受理、不予批准或者撤销会计师事务所的决定；⑤年龄不超过 65 周岁。

会计师事务所转制为特殊普通合伙组织形式，应当有 25 名以上符合上述规定的合伙人、50 名以上的注册会计师，以及人民币 1 000 万元以上的资本。

6. 中国注册会计师协会依法履行以下职责：审批和管理会员，指导地方注册会计师协会办理注册会计师注册；拟订注册会计师执业准则、规则，监督、检查实施情况；组织对注册会计师的任职资格、注册会计师和会计师事务所的执业情况进行年度检查；制定行业自律管理规范，对违反行业自律管理规范的行为予以惩戒；组织实施注册会计师全国统一考试；组织和推动会员培训工作；组织业务交流，开展理论研究，提供技术支持；开展注册会计师行业宣传；协调行业内、外部关系，支持会员依法执业，维护会员合法权益；代表中国注册会计师行业开展国际交往活动；指导地方注册会计师协会工作；办理法律、行政法规规定和国家机关委托或授权的其他有关工作。

7. 随着审计环境的巨大变化、公司财务舞弊重大事件的发展，以及国际审计准则的规模修改，迫切要求我国大力改进审计准则，增加审计的有效性，防范和化解审计风险，维护市场经济的稳定有序运行。在此背景下，财政部于 2005 年年初提出了我国会计审计准则国际趋同的主张和中国会计审计准则体系建设目标。根据这一目标，遵循科学、民主、透明和公开的准则制定程序，2006 年 2 月 15 日，包括 48 项审计准则的新审计准则体系正式发布，审计准则体系实现了国际趋同的历史性突破。

2010 年 10 月 31 日，中国注册会计师协会修订后的 38 项审计准则，通过了中国审计准则委员会审核,经进一步修改完善后由财政部正式发布。国际审计准则近年来最大的变化是完成了项目明晰,涉及37项准则,与我国现行33项审计准则相对应。此次修订中,这33项审计准则全部被纳入修订范围,并调整为37项审计准则,从而实现了与国际审计准则的一一对应。此外,此次修订还包括我国特有的前后任注册会计师的沟通准则。因此,本次修订后公布的审计准则共38项。此次修订主要有两方面变化,一方面是对16项准则的内容进行实质性修订,并制定了1项新的准则;另一方面是对全部准则按照新体例进行改写。这次修订的审计准则体系,吸收借鉴了国际审计准则的最新成果,并充分考虑了我国审计实务中面临的一些新的需要解决的问题。修订后的新审计准则体系,结构更加科学,内容更加全面,语言更加明晰,更加注重风险识别和应对,适用范围更加广泛,实现了与国际审计准则的持续全面趋同。

## 二、选择题

| 1 | 2 | 3 | 4 | 5 | 6 | 7 |
| --- | --- | --- | --- | --- | --- | --- |
| C | B | C | CD | D | AD | C |

## 三、案例讨论题

(1) 第一,注册会计师或会计师事务所丧失独立性。独立性是注册会计师审计的灵魂。安然事件中,安达信对安然公司的审计缺乏独立性。安达信对安然公司的审计缺乏独立性主要表现在两方面:其一,安达信不仅为安然公司提供审计鉴证服务,而且还提供收入不菲的咨询业务。安然公司是安达信的第二大客户。2000年,安达信向安然公司收取了高达5 200万美元的审计费用。受经济利益的驱动,会计师事务所重心偏离审计业务致使审计质量难以保证,审计独立性受到损害。其二,安然公司的许多高层管理人员为安达信的前雇员。他们之间的密切关系有损安达信的独立性。注册会计师的这种流动也是一个可能损害审计独立性的重要因素。

第二,缺乏应有的职业道德和诚信。安达信早在安然丑闻曝光之前就知悉安然公司利用极其激进的会计处理方法的潜在风险,但安达信既没有要求安然公司停止这种行为,又没有向安然公司的审计委员会报告,更没有提请安然公司向投资者和债权人披露对安然公司财务状况和经营业绩的影响,更严重的是安达信在丑闻败露后竟然销毁数以千计的审计档案。

第三,管制模式:自律、政府或独立监督。美国在以自我管制为主,政府管制为辅的模式下,一直以来大公司的财务造假与大事务所的审计舞弊从来没有停止过。具体而言,美国安然事件之前的自律管制模式所存在的主要问题有:美国注册会计师协会作为一个注册会计师行业的协会组织,依靠会员会费的资助在维持运作,少数大型会计师事务所对协会的影响很大,使协会不可避免地会自发维护注册会计师的利益;针对美国国会对审计质量的关注,1977年由美国注册会计师协会发起设立的公共监督委员会并没有起到应有的作用;美国的同业互查制度作用有限。

(2)第一,保持审计的独立性和应有的执业谨慎和职业道德,提升注册会计师的专业能力。从内外各方面提高注册会计师的独立性,在承接业务前、审计过程中都应保持应有的执业谨慎和职业道德,警惕错误与舞弊发生的可能性。加强注册会计师专业教育,不断提升专业胜任能力,掌握和运用相关的新知识、新技能和新法规,以满足执业的需要,保证执业的质量。

第二,建立健全会计师事务所的全面质量控制。全面加强会计师事务所的质量控制,会计师事务所应先将不同业务进行归类管理,在此基础上再把某一具体业务按照不同的环节和不同的事项分别进行管理,以便根据业务的性质和特点对具体项目进行纵向跟踪控制从而明确分工和各自的责任,实现质量控制。此外,为了保证、提高审计质量,防止审计失败,降低审计风险和确定相关人员的责任,必须对工作底稿严格执行逐级复核制度。

第三,改进审计收费制度,规范审计市场。审计的收费不规范、市场竞争混乱是造成审计失败的原因之一,因此要避免审计失败就需要在收费制度上作出改进。解决途径就是要设立一中介机构,通过该机构以协议的形式确认会计师事务所与被审计单位的业务关系。根据协议要求,被审计单位将应支付的审计费用支付给中介机构,然后在被审计单位确定会计师事务所以后,由该机构按标准将审计费用付给会计师事务所,这样一来,在审计市场上,那些欲以低审计费用抢占市场的会计师事务所就不能得手了。

第四,评估客户信誉,谨慎承接审计业务。深入了解客户情况,选择正直的被审计单位,特别关注那些陷入财务和法律困境的被审计单位。

(3)会计师事务所主要有独资、普通合伙、有限责任、有限责任合伙四种组织形式。

独资会计师事务所又称个人会计师事务所,由具有注册会计师执业资格的个人独立开业,承担无限责任。它的优点包括对执业人员的数量要求不多,容易设立,执业灵活,能够在代理记账、代理纳税等方面很好地满足小型企业对注册会计师服务的需求,虽承担无限责任,但实际发生风险的程度相对较低。它的缺点包括无力承担大型业务、缺乏发展后劲。业主个人承担无限责任在一定程度上有助于审计质量的改善,但由于其对执业人员数量要求不多、职业灵活,实际发生风险的程度相对较低,故对审计质量的提高并不具有十分明显的正向影响。

普通合伙会计师事务所,是由两位或两位以上合伙人组成的合伙组织。合伙人以各自的财产对会计师事务所的债务承担无限连带责任。它的优点包括在风险的牵制和共同利益的驱动下,促使会计师事务所提高执业质量,扩大业务规模,提高控制风险的能力。它的缺点包括建立一个跨地区、跨国界的大型会计师事务需要经历一个漫长的过程。同时,任何一个合伙人执业中的失误或舞弊行为,都可能给整个会计师事务所带来灭顶之灾,使之一日之间土崩瓦解。合伙制这种组织形式有助于提高会计师事务所及注册会计师的风险意识和自我约束意识,从而提高审计质量。

有限责任会计师事务所,由注册会计师认购会计师事务所股份,并以其所认购股份对会计师事务所承担有限责任。会计师事务所以其全部资产对其债务承担有限责任。它的优点包括可以通过公司制形式迅速聚集一批注册会计师,组成大型会计师事务所,承办大型业务。它的缺点包括降低了风险责任对执业行为的高度制约,弱化了注册会计师的个人责任。采用这种形式不利于提高注册会计师的风险意识,因此对审计质量的提高并不具有十分积极的影响。

有限责任合伙会计师事务所,在我国又称特殊普通合伙会计师事务所。无过失的合伙人对于其他合伙人的过失或不当执业行为以自己在事务所的财产为限承担责任,不承担无限责任,除非该合伙人参与了过失或不当执业行为。它的最大特点在于既融入了普通合伙和有限责任会计师事务所的优点,又摒弃了它们的不足。把责任分解到注册会计师个人,提高注册会计师的独立性和风险意识,从而提高注册会计师提供高质量审计服务的压力和动力。

(4) 第一,注册会计师行业应加强职业独立性。独立性是注册会计师行业存在的前提,离开独立性,审计质量几乎是不可期望的。注册会计师必须拥有的独立性,实际上有形式上的独立性和实质上的独立性两种。形式上的独立性又可进一步分为组织上的独立性、经济上的独立性和人员上的独立性三种。实质上的独立性是指一种精神状态、一种自信心以及在判断时不依赖和屈从于外界的压力和影响。它要求注册会计师在执业过程中严格保持超然性,不能主观袒护任何一方当事人,尤其不应使自己的结论依附或屈从于持反对意见利益集团或人士的影响和压力。

第二,注册会计师行业应该遵循职业道德和保持执业谨慎。在执行审计业务过程中,未严格遵守审计准则,不执行适当的审计程序,对被审计单位的问题未能保持应有的执业谨慎,或为了节约时间、成本而缩小审计范围或简化审计程序,都将导致注册会计师的过失行为。

第三,注册会计师行业应该强化执业监督,加强行业自律监管工作,对行业具有重大影响的违规违纪行的进行惩戒。

第四,不断改进审计准则的制定工作。审计准则的制定与修改应当与不断变化的审计需求以及不断更新的审计新技术相适应。

第五,建议大力推广有限责任合伙制会计师事务所,解决会计师事务所组织形式的缺陷的问题。有限责任合伙制会计师事务所结合了有限制和合伙制的优点,一方面,降低了成本和风险;另一方面,有利于提高注册会计师的风险意识,保证审计质量,避免审计失败。

 思考与练习

一、单项选择题

1. 上市公司财务报表使用者最关心财务报表(　　)。

　　A. 是否按照适用的会计准则编制

　　B. 是否公允地反映了上市公司的财务状况、经营成果和现金流量

　　C. 是否具有公允性

D. 是否具有合法性和公允性

2. 注册会计师提供的相关服务不包括(　　)。
   A. 管理咨询　　　　　　　　　　B. 税务服务
   C. 会计咨询与会计服务　　　　　D. 验资

3. 注册会计师所从事的下列业务中,不属于注册会计师"相关服务业务"的是(　　)。
   A. 担任某企业的常年会计顾问　　B. 对企业的财务报表实施审阅
   C. 帮助企业选择适当的会计政策　D. 为企业代编财务报表

4. 甲虽然参加注册会计师全国统一考试成绩合格,但在其取得注册会计师证书之前,可以独立从事的业务只有(　　)。
   A. 对按特殊编制基础编制的财务报表进行审计
   B. 从事代理记账、代编财务报表
   C. 审核拟发行股票的 X 公司的预测性财务信息
   D. 验证企业资本,出具验资报告

5. 注册会计师可以根据具体情况设置不同组织形式的会计师事务所。下列各项中,(　　)不仅克服了其他两类组织形式会计师事务所的缺点,而且还融入了其他两类会计师事务所的优点。
   A. 合伙会计师事务所　　　　　　B. 独资会计师事务所
   C. 有限责任会计师事务所　　　　D. 有限责任合伙会计师事务所

6. 中国注册会计师协会会员拥有的权利包括(　　)。
   A. 执行协会决议　　　　　　　　B. 申请退出协会
   C. 遵守协会纪律　　　　　　　　D. 接受后续教育

7. 下列各项中,能够成为中国注册会计师协会团体会员的是(　　)。
   A. 会计师事务所
   B. 5 名以上注册会计师组成的科研团体
   C. 企业集团
   D. 注册会计师理事会

8. 不以财务报表为直接审计对象的审计业务是(　　)。
   A. 办理企业合并事宜中的审计业务　　B. 验证企业注册资本
   C. 审计企业财务报表　　　　　　　　D. 办理清算事宜中的审计业务

9. 下列各项中,属于其他鉴证业务的是(　　)。
   A. 预测性财务信息审核　　　　　B. 年度财务报表审计
   C. 财务报表审阅　　　　　　　　D. 对财务信息执行商定程序

10. 下列关于注册会计师执行的业务中,保证程度最高的是(　　)。
    A. 财务报表审计　　　　　　　　B. 财务报表审阅
    C. 代编财务信息　　　　　　　　D. 对财务信息执行的商定程序

二、多项选择题

1. 根据《中华人民共和国证券法》和《企业财务会计报告条例》,下列企业的年度财务报表需要注册会计师审计的有(　　)。
   A. 所有在中国境内上市的公司　　　B. 国有控股的企业
   C. 国有集团公司　　　　　　　　　D. 国有控股占主导地位的企业

2. 根据《中华人民共和国注册会计师法》的规定,注册会计师依法承办审计业务和会计咨询、会计服务业务。下列业务中,必须由注册会计师承办的有(　　)。
   A. 审查上市公司的财务报表,出具审计报告
   B. 验证拟设立及已设立企业资本,出具验资报告
   C. 根据公司提供的财务资料,代编年度财务报表
   D. 审核拟上市公司的预测性财务信息并出具审核报告

3. 下列各种业务中,属于注册会计师的"其他鉴证业务"的有(　　)。
   A. 对特定财务信息执行商定程序　　B. 内部控制审核
   C. 注册资本实收情况的审验　　　　D. 预测性财务信息审核

4. 下列业务中,不属于注册会计师审计业务的鉴证业务的有(　　)。
   A. 对同时在境内外上市的公司的境内外会计准则差异调节表的审阅
   B. 办理法律、行政法规规定的其他审计业务,出具相应的审计报告
   C. 内部控制审核
   D. 网域认证

5. 中国注册会计师协会作为注册会计师行业的自律性组织,具有多方面的职责。具体来说,其职责包括(　　)。
   A. 制定与考试有关的方针政策,全面领导和组织考试工作
   B. 拟订注册会计师执业准则、规则并监督、检查实施情况
   C. 组织实施注册会计师全国统一考试
   D. 制定行业自律管理规范,对违反规范的行为进行惩戒

6. 下列业务中,属于注册会计师的鉴证业务的有(　　)。
   A. 审计上市公司的年度财务报表　　B. 验资
   C. 对财务信息执行商定程序　　　　D. 预测性财务信息审核

7. 下列对于不同类型会计师事务所的陈述中,恰当的有(　　)。
   A. 独资会计师事务所由注册会计师个人承担无限责任
   B. 有限责任会计师事务所以其全部资产承担无限连带责任
   C. 普通合伙会计师事务所的合伙人以各自的财产对事务所的债务承担无限连带责任
   D. 有限责任合伙所的无过失的合伙人对于其他合伙人的过失不承担无限责任,除非该合伙人参与了过失或不当执业行为

8. 中国注册会计师协会的职责包括(　　)。

A. 组织全国注册会计师考试和会员培训

B. 拟订并颁布注册会计师执业准则

C. 制定会计师事务所的收费标准

D. 指导地方协会办理注册会计师注册

9. 从会员的具体构成上看,中国注册会计师协会会员包括( )。

A. 非执业会员,即取得中国注册会计师资格证书,但没有在会计师事务所工作的会员

B. 执业会员,即取得中国注册会计师执业资格证书,正在会计师事务所从事审计工作的会员

C. 名誉会员,即对注册会计师行业作出重大贡献的境内外知名人士

D. 团体会员,即依法批准设立的我国会计师事务所

10. 下列关于注册会计师执行的业务中,属于相关服务的有( )。

A. 管理咨询　　　　　　　　B. 税务服务

C. 代编财务信息　　　　　　D. 对上市公司半年报表审阅

### 三、判断题

1. 根据《注册会计师业务指导目录》的规定,注册会计师依法承办鉴证业务(104 项)和相关咨询服务业务(158 项)。　　　　　　　　　　　　　　　　　　　　(　)

2. 鉴证业务基本准则是鉴证业务准则的概念框架,旨在规范注册会计师执行鉴证业务,明确鉴证业务的目标和要素,确定审计准则、审阅准则、其他鉴证业务准则适用的鉴证业务类型。　　　　　　　　　　　　　　　　　　　　　　　　　　　(　)

3. 审阅准则是整个执业准则体系的核心。　　　　　　　　　　　　　　　　(　)

4. 通过注册会计师全国统一考试,考试科目全科成绩合格的,可以申请办理注册会计师考试全科合格证书,并可以申请加入注册会计师协会,成为注册会计师协会的非执业会员。　　　　　　　　　　　　　　　　　　　　　　　　　　　　　(　)

5. 会计师事务所转制为特殊普通合伙组织形式,应当有 25 名以上符合规定的合伙人、50 名以上的注册会计师,以及人民币 1 000 万元以上的资本。　　　　　　(　)

6. 拟订注册会计师执业准则、规则,监督、检查实施情况,这是中国注册会计师协会的职责之一。　　　　　　　　　　　　　　　　　　　　　　　　　　　　(　)

7. 个人会员分为执业会员和非执业会员。其中,依法取得中国注册会计师执业证书的,为非执业会员。　　　　　　　　　　　　　　　　　　　　　　　　(　)

8. 普通合伙会计师事务所是由两位或两位以上合伙人组成的合伙组织,合伙人以各自的财产对事务所的债务承担有限责任。　　　　　　　　　　　　　　　(　)

9. "特殊的普通合伙制"并不是做大做强的大中型会计师事务所的理性选择。　(　)

10. 随着我国注册会计师行业的快速发展,有限责任制组织形式在决策机制、股东限制、质量控制、税收政策等方面均日渐显现出其制度弊端,难以满足大中型会计师事务所加快发展的形势需要。　　　　　　　　　　　　　　　　　　　　(　)

# 第三章　销售与收款循环的审计

 **重点、难点讲解及典型例题**

本章主要讲述了分项审计与循环审计的区别,销售与收款循环所涉及的主要业务活动和相关凭证与记录,销售与收款活动的内部控制及控制测试,主营业务收入审计的实质性程序、相关工作底稿,应收账款审计的实质性程序、相关工作底稿。

1. 业务循环是指处理某类经济业务的工作程序和先后顺序,它可以划分为销售与收款循环、采购与付款循环、生产与存货循环、人力资源与工薪循环、投资与筹资循环。

2. 财务报表审计的组织方式大致有两种:一是分项审计方法,是指按会计报表项目组织实施审计的方法,这种方法要求对财务报表的每个账户余额单独进行审计;二是循环审计方法,是指按业务循环组织实施审计的方法,这种方法要求将财务报表分成几个循环进行审计,即把紧密联系的交易种类和账户余额归入同一循环中,按业务循环组织实施审计。

3. 销售与收款循环的主要业务活动有:编制销售计划、客户信用管理、销售定价、订立销售合同、发货、收款、客户服务、会计系统控制。

4. 销售与收款交易的内部控制包括:适当的职责分离、正确的授权审批、充分的凭证和记录、按月寄出对账单、内部核查程序。

5. 主营业务收入审计的实质性程序为:取得或编制主营业务收入明细表;实质性分析程序;审查主营业务收入的确认原则和方法是否符合企业会计准则的规定;审查主营业务收入会计处理的恰当性;结合应收账款的函证,查明有无未经认可的大额销售;实施截止测试;检查销售折扣与折让、销售退回交易;检查有无特殊的销售行为;检查集团内部和关联方销售;检查主营业务收入在利润表上的披露是否恰当。

6. 应收账款的实质性程序为:获取或编制应收账款余额明细表,复核加计数额是否正确;实施应收账款的分析性程序;分析应收账款的账龄;向债务人函证应收账款;确定已收回的应收账款金额;对未函证应收账款实施替代审计程序;检查坏账的确认和处理;抽查有无不属于结算交易的债权;检查贴现、质押或出售;对应收账款实施关联方及其交易审计程序;确定应收账款的列报是否恰当。

7. 坏账准备的实质性程序为:将应收账款坏账准备本期计提数与资产减值损失相应明细项目核对;实施分析程序;取得或编制坏账准备明细表并核对;检查与评价;审查坏账损失;检查转销的坏账重新收回的情况;检查长期挂账应收账款;检查函证结果;审查坏账

准备在财务报表上的列报是否恰当。

8. 其他相关账户审计：应收票据审计、预收账款审计、其他业务收入审计、税金及附加审计、销售费用审计、应交税费审计。

**【例题 3-1·单项选择题】** 下列认定中,与销售信用批准控制相关的是(　　)。

A. 准确性、计价和分摊
B. 发生
C. 权利和义务
D. 完整性

【答案】 A

【解析】 销售信用批准控制是为了有效降低赊销交易发生坏账的可能性,与应收账款的准确性、计价和分摊认定有关。

**【例题 3-2·多项选择题】** 下列关于销售与收款循环中各业务活动和相关认定的说法中,注册会计师认为正确的有(　　)。

A. 财务部门正确编制应收账款账龄分析表,与应收账款的存在认定直接相关
B. 会计主管人员检查向客户开具的销售发票是否连续编号,与营业收入的发生认定直接相关
C. 会计主管人员按照客户验收单载明的日期进行收入确认,与营业收入的截止认定直接相关
D. 开具账单部门依据已批准的商品价目表开具销售发票,与营业收入的准确性认定直接相关

【答案】 CD

【解析】 A 选项应收账款账龄分析表与应收账款的准确性、计价和分摊认定相关；B 选项连续编号与完整性认定直接相关。

# 教材课后习题答案

## 一、思考题

1. 财务报表审计的组织方式大致有两种：一是分项审计方法,是指按会计报表项目组织实施审计的方法,这种方法要求对财务报表的每个账户余额单独进行审计；二是循环审计方法,是指按业务循环组织实施审计的方法,这种方法要求将财务报表分成几个循环进行审计,即把紧密联系的交易种类和账户余额归入同一循环中,按业务循环组织实施审计。

内部控制测试可以按财务报表项目进行,即将财务报表中的每个账户余额都作为一个单独的单元进行测试。其优点在于与多数被审计单位账户体系设置以及报表格式相吻合,操作方便。其缺点是将紧密联系的相关账户人为地予以分割,容易造成整个审计工作的脱节和重复；与按业务循环进行的内部控制测试严重脱节,缺乏效率。

一般而言,控制测试是在了解被审计单位内部控制、实施风险评估程序基础上进行

的,而了解内部控制主要是评价控制的设计以及是否得到执行,与被审计单位的业务流程关系密切,因此,控制测试通常应采用循环审计法实施。

2. 确定应收账款函证样本量时应着重考虑的因素有:

(1) 应收账款在全部资产中的重要性。若应收账款在全部资产中所占的比重较大,则函证的范围应相应大一些。

(2) 被审计单位内部控制的强弱。若内部控制制度较健全,则可以相应减少函证量;反之,则应相应扩大函证范围。

(3) 以前期间的函证结果。若以前期间函证中发现过重大差异,或欠款纠纷较多,则函证范围应相应扩大一些。

3. 某公司在年终前一周内有相当大量的销售收入业务,造成这种现象的可能原因有:①属于季节性生产或销售的企业;②为了完成年度销售目标而在年底采取促销手段;③虚假的收入。

核查手段包括:①对该公司往年同期的销售业绩进行比较,核查该现象是否每年都会发生,是否具有连续性,以证实该现象是否正常;同时,对该公司所处的行业特点进行了解,核查同行业的其他企业是否也具有相同现象。②核查公司销售部门与公司签订的目标责任书是否有相关约定;核查公司就年终销售所制订的营销方案并核实是否已经实施。例如,是否采取了明显的降价措施或向有关媒体求证是否实施了大量的广告宣传。③核查是否有真实的销售合同,或虽有真实的销售合同,但对方单位是否为关联企业,定价是否公允;同时,核实相关发货记录。

4. 收回的询证函若有差异,即函证出现了不符事项,注册会计师应当先提请被审计单位查明原因,并作进一步分析和核实。不符事项的原因可能是由于双方登记入账的时间不同,或是由于一方或双方记账错误,也可能是由于被审计单位的舞弊行为。

对于双方登记入账的时间不同而导致的回函不符,注册会计师应当根据双方入账时间不同的表现形式,实施进一步审计程序(表 3-1)。

表 3-1　　　　　　　　　　入账时间与相应的进一步审计程序

| 双方入账时间不同的表现 | 应实施的进一步审计程序 |
| --- | --- |
| 询证函发出时,债务人已经付款,而被审计单位尚未收到货款 | 检查银行存款日记账、收款凭证和银行对账单,查明是否收到该笔金额,以及如何进行会计处理 |
| 询证函发出时,被审计单位的货物已经发出并已作销售记录,但货物仍在途中,债务人尚未收到货物 | 检查销售合同、销售发票、装运凭证等原始凭证的真实性并关注财务报表日后的回款情况 |
| 债务人由于某种原因将货物退回,而被审计单位尚未收到 | 检查销售合同、销售退回相关的增值税发票、入库单,查明退回货物是否已验收入库等 |
| 债务人对收到的货物的数量,质量及价格等方面有异议而全部或部分拒付货款 | 检查销售合同、核对装运凭证、出库单、商品价目表等原始凭证以确认拒付货款的原因 |

如果不符事项构成错报,注册会计师应当重新考虑所实施审计程序的性质、时间安排和范围。

5. 当被审计单位销售业务内部控制有弱点时,注册会计师为测试登记入账和销售业务的存在性,常用的控制测试:检查销售发票副联是否附有发运凭证(或提货单)及销售单(或客户订购单);检查客户的赊购是否经授权批准;观察是否寄发对账单,并检查客户回函档案。

6. 将余额为零的项目作为函证对象有一个前提,即该项目交易频繁且交易量大。交易频繁但期末余额较小甚至余额为零的项目,这类账户本身出错的可能性就大,另外,被审计单位可能会利用其与某客户的长期关系进行舞弊。

对已收回金额较大的款项进行常规检查,如核对收款凭证、银行对账单、销货发票等,并注意凭证发生日期的合理性,分析收款时间是否与合同相关要素一致。作为应收账款的实质性程序之一,这与应收账款的函证程序并不重复,而是相互补充、相互支撑的。

7. (1) 销售与收款交易的实质性分析程序。销售与收款交易的实质性分析程序包括:识别需要运用实质性分析程序的账户余额或交易;确定期望值;确定可接受的差异额;识别需要进一步调查的差异并调查异常数据关系;调查重大差异并作出判断;评价分析程序的结果。

(2) 销售交易的细节测试。主要包括以下几个方面:

第一,测试登记入账的销售交易是真实的。该测试所要实现的审计目标是存在或发生目标。对未曾发货却将销售交易登记入账错误的审计,注册会计师可以从主营业务收入明细账中抽取若干笔分录,追查有无发运凭证及其他佐证凭证,借以查明有无事实上没有发货却已登记入账的销售交易。如果注册会计师对发运凭证的真实性也有怀疑,就可能有必要再进一步追查存货的永续盘存记录,测试存货余额有无减少。对销售交易重复入账错误的审计,注册会计师可以通过检查企业的销售交易记录清单以确定是否存在重号、缺号的情况。对向虚构的顾客发货并作为销售交易登记入账错误的审计,一般来说,这类错误通常在负责登记销售的人员同时兼任核准发货职能的情况下发生,注册会计师应当检查主营业务收入明细账中与销售分录相应的销售单,以确定销售是否经过赊销批准手续和发货审批手续。

第二,测试已发生的销售交易均已登记入账。该测试所要实现的审计目标是完整性目标。从发货部门的档案中选取部分发运凭证,并追查至有关的销售发票副本和主营业务收入明细账,是测试未开票发货的一种有效程序,注册会计师必须能够确信全部发运凭证均已归档,这一点可以通过检查发运凭证的顺序编号来查明。

第三,测试登记入账的销售交易均经正确计价。该测试与准确性目标或准确性、计价和分摊目标有关。典型的实质性程序包括复算会计记录中的数据。其通常的做法是:以主营业务收入明细账中的会计分录为起点,将所选择的交易业务的合计数与应收账款明细账和销售发票存根进行比较核对。其金额小计和合计数也要进行复算。发票中列出的商品的规格、数量和顾客代号等,则应与发运凭证进行比较核对。另外,往往还审核顾客订货单和销售单中的同类数据。

第四,测试销售交易已记录于正确的会计期间。该测试与截止审计目标有关。企业发货后应尽快开具账单并登记入账,以防止无意漏记销售交易,确保它们记入正确的会计期间。在执行估价实质性的测试的同时,一般要将所选取的提货单或其他发运凭证的日期与相应的销售发票存根、主营业务收入明细账和应收账款明细账的日期作比较。如有重大差异,就可能存在销售截止期限上的错误。

第五,测试销售交易已正确地记入明细账并正确地汇总。该测试与分类审计目标有关。针对过账、汇总目标的测试包括加总主营业务收入明细账、应收账款明细账和过入总账三项,并从其中之一追查其他两项。在大多数审计工作中,通常都要加总主营业务收入明细账,并将加总数和一些具体内容分别追查至主营业务收入总账和应收账款明细账或现金、银行存款日记账,以检查在销售过程中是否存在有意或无意的错报问题。针对其他目标(如估价目标等),其测试除了上述程序,还包括凭证之间的相互核对和凭证与相关明细账的核对。

8. 对主营业务收入项目实施截止测试,其目的主要在于确定被审计单位主营业务收入交易的会计记录归属期是否正确;应计入本期或下期的主营业务收入有无被推迟至下期或提前至本期。

从报表日前后若干天的账簿记录查至记账凭证,检查发票存根与发运凭证,证实已入账收入是否在同一期间已开具发票发货,有无多记收入,防止高估主营业务收入。

9. 企业的预付账款,如有确凿证据表明其不符合预付账款性质,或者因供货单位破产、撤销等原因,已无望再收到所购货物的,应将原计入预付账款的金额全部转入其他应收款。除转入其他应收款账户的预付账款外,其他预付账款不得计提坏账准备。

## 二、选择题

| 1 | 2 | 3 | 4 | 5 | 6 | 7 |
|---|---|---|---|---|---|---|
| C | D | A | C | A | A | B |

## 三、案例分析题

1. 事项(1),注册会计师的审计程序存在不当之处,因为已经说明"在客户收到货物、验收合格并签发收货通知后,甲公司才取得收取货款的权利",所以此时注册会计师在审计中仅仅检查了销售合同是不够的,还应该检查客户签发的收货通知单。

事项(2),注册会计师的审计程序存在不当之处,对1月转字10号记账凭证未实施进一步检查。该记账凭证的日期早于发票日期和出库单日期,要实施进一步检查。

事项(3),注册会计师的审计程序存在不当之处。对11月转字28号和12月转字50号记账凭证未实施进一步检查,上述两笔记账凭证反映的销售额明显高于其他测试项目,有可能表明存在舞弊行为,不应仅依赖管理层的解释。

2. (1) 根据搜集的上市公司坏账准备计提比例的基本统计分布可得,公司目前的其他应收款坏账准备计提比例明显偏低。

(2) 第一，函证程序的执行不规范。询证函并非由审计人员直接、独立发出，回函也并非由审计人员直接接收取得。

第二，询证函回函不是被询证者"甲有限公司"的回函，而是"甲公司"的回函。注册会计师应当引起足够关注，而不应直接认可为审计证据。注册会计师应当确定"其他应收款"的债务人到底是"甲有限公司"还是"甲公司"，检查其他应收款的形成记录和相关原始凭证。如果"其他应收款"的债务人确实是"甲有限公司"，那么应当就回函上的不符事项进行追查，确定"甲有限公司"与"甲公司"之间的关系，以及是否属于私刻公章的违法行为。

(3) 函证的功能主要是针对存在认定，在本案例中，旨在确认其他应收款是否存在。由于函证程序的结果存在异常，注册会计师直接认可存在不符事项的函证结果并出具标准无保留意见的审计报告是不恰当的。

即使注册会计师认为其他应收款的存在认定没有问题，并不意味着已经获取了其他应收款准确性、计价和分摊认定的充分、适当的审计证据。关于坏账准备的计提是否充分，注册会计师有必要按照会计估计的审计准则实施必要的审计程序。

注册会计师还需要进一步调查被函证单位的财务状况和还款能力，评价其他应收款的可回收情况。在本案例中，实际情况是两家欠款单位已经停产，长白山公司应当补提或全额计提坏账准备。

(4) 通常，函证主要提供与存在认定有关的审计证据，而不能提供关于计价和分摊认定的充分、适当的审计证据。在本案例中，如果注册会计师充分关注回函不符事项，有可能更深入地了解甲有限公司及其关联方的实际情况。在此基础上，对已停产的两家公司，长白山公司一旦足额计提坏账准备，很可能由盈利变为亏损。这意味着函证仍然有可能提供与计价和分摊认定有关的审计证据，虽然不能说是充分、适当的，但至少可能成为发现关键问题的一个重要线索。

3. (1) ①注册会计师在 2×20 年 7 月进行期中预审时，实施了检查有形资产和询问程序，得出："预计龙盘公寓 2×20 年 10 月底全部完工，越秀花园 2×20 年年底前将有 95% 可以入住"的结论。这些证据显示高山公司将于 2×20 年 12 月 31 日前向买受人交付龙盘公寓和越秀花园两项房产，因此，在 2×20 年年末已符合收入确认条件。②注册会计师在 2×20 年 7 月进行期中预审时抽查了房屋买卖合同，该证据同样显示龙盘公寓和越秀花园将于 2×20 年 12 月 31 日前向买受人交付，在 2×20 年年末已符合收入确认条件。③注册会计师在期末审计中获取的，由销售部门提供的销售台账信息与财务部门的房地产收入确认情况明显矛盾。注册会计师未就该差异作进一步调查。

(2) 注册会计师在预审时检查了有形资产并作出了预计年底交房的判断，但这并不必然意味着公司符合 2×20 年确认收入的条件。因此，注册会计师有必要考虑可能导致推迟确认收入的原因，包括但不限于：①是否由于施工方原因导致了工程进展缓慢；②工程是否出现了质量问题需要重新修复；③是否违反了政府部门相关要求而被迫停工；④房屋质量是否因未达到房屋买卖合同的要求而导致买受人拒绝收房；⑤是否存在重大的涉诉事项;⑥是否存在因未按合同约定期限交房而支付给房产买受人延期交房的赔偿金的情况。

(3) 注册会计师发现销售部门提供的销售台账信息与财务部门房地产收入确认情况明显相悖。注册会计师有必要取得管理层对相互矛盾信息的解释并进行评价,包括但不限于:①销售台账是依据什么信息编制的?②销售台账信息本身是否有误?③销售部门与财务部门是否定期核对相关信息?④购房者是否确认已入住。如果已入住,则未确认房地产收入的原因是什么?反之,如果没有入住,则销售台账注明已入住登记的原因又是什么?

(4) 期中检查有形资产的程序能够提供开发在产品在期中时点存在认定的审计证据,但通过对期末开发中房产的数量、状况(工程进度、工程质量、是否在买受人入住)的检查,能够进一步提供以下方面的审计证据:①存货的权利和义务认定、计价认定。例如,这些房产可能已完工并已移交给购房者;也可能出现了严重的工程质量问题或涉及多项诉讼,需要计提减值准备而未计提,资产可能被严重高估。②收入的发生认定、截止认定。例如,这些房产可能已完工并已移交给购房者但未确认收入,收入则会出现严重低估;也可能实际并未售出,但却虚计为对某主体的销售收入。③存货列报的分类认定。例如,账面反映的开发在产品已经完工,应从开发在产品转为开发产成品,甚至不再列为存货。

在本案例中,注册会计师在审计过程中既然已经关注到房产未确认收入的事实与预审了解到的情况严重不符且涉及金额重大,更不应当省略期末开发在产品的存货监盘程序。

注册会计师也不应当以获取相关审计证据的成本较高(如两项房产的地理位置比较偏远)或困难较大(期末审计时人力资源紧张)为由,不获取至关重要的审计证据。

(5) 如果两项房产已于财务报表日后、审计报告日前将龙盘公寓和越秀花园这两项房产确认为2×21年度的销售收入,可以考虑对这两项房产的相关收入确认记录和凭证进行检查,包括但不限于:①工程项目的验收日期;②购买者入住确认单日期;③物业管理费收取起始日期;④高山公司是否支付了延期交房赔偿金。

这些证据的获取有助于评价上述房产收入确认时机是否恰当。

## 思考与练习

### 一、单项选择题

1. 为了确保所有发出的货物均已开具发票,注册会计师应从本年度的(　　)中抽取样本,与相关的发票核对。

  A. 货运文件       B. 销售合同

  C. 销售订单       D. 销售记账凭证

2. 为了证实已发生的销售业务是否均已登记入账,有效的做法是(　　)。

  A. 只审查销售日记账

B. 由日记账追查有关原始凭证

C. 只审查有关原始凭证

D. 由有关原始凭证追查销售日记账

3. 下列各项中，不属于应收账款实质性程序的是(　　)。

    A. 获取或编制应收账款明细表

    B. 分析应收账款账龄

    C. 核对货运文件样本与相关的销售发票

    D. 抽查有无不属于结算业务的债权

4. 进行应收账款的账龄分析，有助于帮助财务报表使用者(　　)。

    A. 了解坏账准备的计提是否充分

    B. 发现销售业务中发生的差错或舞弊行为

    C. 确信应收账款账户余额的真实性、正确性

    D. 分析应收账款的可收回性

5. 在(　　)情况下，注册会计师可以采用积极式函证。

    A. 重大错报风险评估为低水平

    B. 预期不存在大量的错误

    C. 有理由相信被询证者不认真对待函证

    D. 涉及大量余额较小的账户

6. 应收账款询证函应当由(　　)发送。

    A. 注册会计师或会计师事务所　　B. 被审计单位财会人员

    C. 被审计单位应收款专管员　　　D. 被审计单位财务主管

7. 在(　　)情况下，注册会计师应适当增加函证量。

    A. 应收账款在全部资产中所占的比重较小

    B. 被审计单位内部控制较为薄弱

    C. 以前期间函证中未发现过重大差异

    D. 采用消极式函证而非积极式函证

8. 销售与收款循环业务的起点是(　　)。

    A. 顾客提出订货要求　　　　　　B. 向顾客提供商品或劳务

    C. 商品或劳务转化为应收账款　　D. 收入货币资金

9. 为了确保销售收入截止的正确性，注册会计师最希望被审计单位(　　)。

    A. 建立严格的赊销审批制度　　　B. 发运单连续编号并顺序签发

    C. 经常与顾客对账核对　　　　　D. 年初及年末停止销售业务

10. 收入截止测试的关键是检查发票开具日期或收款日期、记账日期、发货日期是否(　　)。

    A. 在同一天　　　　　　　　　　B. 相差不超过15天

    C. 相差不超过30天　　　　　　　D. 在同一适当会计期间

二、多项选择题

1. 注册会计师对被审计单位已发生的销货业务是否均已登记入账进行审计时,常用的控制测试程序有(    )。
   A. 检查发运凭证连续编号的完整性
   B. 检查赊销业务是否经适当的授权批准
   C. 检查销售发票连续编号的完整性
   D. 观察已经寄出的对账单的完整性

2. 被审计单位应当建立对销售与收款内部控制的监督检查制度,其监督检查的重点包括(    )。
   A. 检查是否存在销售与收款业务不相容职务混岗的现象
   B. 检查授权批准手续是否健全,是否存在越权审批行为
   C. 检查信用政策、销售政策的执行是否符合规定
   D. 检查销售退回手续是否齐全、退回货物是否及时入库

3. 在以下销售与收款授权审批关键点控制中,做到恰当控制的有(    )。
   A. 在销售发生之前,赊销已经正确审批
   B. 未经赊销批准的销货一律不准发货
   C. 销售价格、销售条件、运费、折扣必须经过审批
   D. 对于超过既定销售政策和信用政策规定范围的特殊销售业务,W 公司采用集体决策方式

4. 为了证实被审计单位登记入账的销货是否均经正确的计价,适当的计价测试程序有(    )。
   A. 复算销售发票上的数据
   B. 追查主营业务收入明细账中的金额至销售发票
   C. 追查销售发票上的详细资料至发运凭证、经批准的商品价目表和顾客订货单
   D. 检查发运凭证连续编号的完整性

5. 对于被审计单位销售退回、折让、折扣的控制测试,注册会计师应检查(    )。
   A. 销售退回和折让是否附有按顺序编号并经主管人员核准的贷项通知单
   B. 所退回的商品是否具有仓库签发的退货验收报告
   C. 销售退回与折让的批准与贷项通知单的签发职责是否分离
   D. 现金退回与折让是否经过适当授权,授权人与收款人的职责是否分离

6. 为了防止因向无力支付货款的顾客发货而使企业财产蒙受损失,企业应当严格把握(    )关键控制点上的审批程序。
   A. 未经批准,不得赊销    B. 未经批准,不得发货
   C. 销售价格和条件须经批准    D. 运费、折扣折让须经批准

7. 为有效防止漏开账单的情况发生,企业在收到顾客订货单之后,立即编制一份预先编号、一式多联的销售单,分别用于(    )等方面。在这种制度下,漏开账单的情形应

较少发生。
   A. 批准赊销　　　　　　　　B. 批准发货
   C. 记录发货数量　　　　　　D. 向顾客开具账单
8. 在销售业务中,开具账单并向顾客寄送事先连续编号的发票。这项功能所针对的主要问题有(　　)。
   A. 是否按已授权批准的销售单所列支的数量开具账单
   B. 是否按已授权批准的商品价目表所列价格开具账单
   C. 是否只对实际装运的货物才开具账单
   D. 是否对所有装运的货物都开具账单
9. 由独立人员按月向账务单位寄送对账单,是一项有用的控制措施。这里的独立人员,应当是与(　　)业务无关的人员。
   A. 经手货币资金　　　　　　B. 记录主营业务收入
   C. 调节明细账与总账　　　　D. 记录应收账款
10. 注册会计师应特别关注被审计单位有关收款业务相关内部控制的内容有(　　)。
   A. 单位应当按客户设置应收账款台账,及时登记每一客户应收账款余额变动情况和信用额度使用情况,对长期往来客户应当建立起完善的客户资料,并对客户资料实行动态管理,及时更新
   B. 单位对于可能成为坏账的应收账款应当报告有关决策机构,由其进行审查,确定是否确认为坏账,单位发生的各项坏账,应查明原因,明确责任,并在履行规定的审批程序后作会计处理
   C. 单位应当定期与往来客户通过函证等方式核对应收账款、应收票据、预收账款等往来款项。如有不符,应查明原因,及时处理
   D. 单位应当建立应收账款账龄分析制度和逾期应收账款催收制度,销售部门应当负责应收账款的催收,财会部门应当督促销售部门加紧催收。对催收无效的逾期应收账款可通过法律程序予以解决

## 三、判断题

1. 如果注册会计师函证的应收账款无差异,则表明全部的应收账款余额正确。　(　　)
2. 将提货单与相关的销货发票和销货账及应收账款中的分录进行核对,能够确认销货业务的完整性。　(　　)
3. 注册会计师签发的否定式询证函,如果客户未予答复,表明被审计单位的记录是正确、可靠的。　(　　)
4. 在通常情况下,注册会计师应在核实应收票据明细表实有数与总账余额相符的基础上,函证应收票据的余额,以避免不必要的重复审计。　(　　)
5. 被审计单位保管应收票据的人不应该经办有关会计分录。　(　　)
6. 应收账款函证的回函应当直接寄给会计师事务所。　(　　)

7. 同应收账款和应收票据不同的是,被审计单位其他应收款往往数额不大,因此,注册会计师可以不函证相关余额。( )

8. 注册会计师对被审计单位坏账准备进行实质性测试时,可以通过计算坏账准备金额占应收账款余额的比率,并和以前年度的相关比率比较,检查分析其重大差异等分析的方法,以发现有重要问题的领域。( )

9. 为了证实已发生的销售业务是否均已登记入账,有效的做法是审查销售日记账。( )

10. 企业发生销售退回时,不论销售退回的商品是本年销售的还是以前年度销售的,均应冲减本年度的销售收入与销售成本。( )

# 第四章 采购与付款循环的审计

 重点、难点讲解及典型例题

本章为审计实务课程的重点和难点,主要介绍应付账款、固定资产、累计折旧项目的审计目标和实质性测试审计程序等相关内容。学生要了解购货与付款循环的特性,理解内部控制测试和交易的实质性测试,掌握主要账户的审计目标和重要的实质性测试程序。

1. 采购与付款循环包括编制需求计划和采购计划、请购、供应商的认证与选择、确定采购价格、订立框架协议或采购合同、管理供应过程、验收、退货、付款、会计控制等环节。

2. 固定资产的业务活动:企业应当根据固定资产特点,分析、归纳、设计合理的业务流程,查找管理的薄弱环节,健全全面风险管控措施,保证固定资产安全、完整、高效运行。固定资产业务流程,通常可以分为取得、验收移交、日常维护、更新改造和淘汰处置等环节。

3. 购货业务的控制目标、内部控制和审计测试。

(1)(存在或发生)所记录的购货都已收到物品或已接受劳务,并符合购货方的最大利益。

其一,请购单、订货单、验收单和卖方发票一应俱全,并附在付款凭单后;购货按正确的级别批准;注销凭证以防止重复使用;对卖方发票、验收单、订货单和请购单作内部核查。

其二,查验付款凭单后是否附有单据;检查批准购货的标记;检查注销凭证的标记;检查内部核查的标记。

其三,复核采购明细账、总账及应付账款明细账,注意是否有大额或不正常的金额;检查卖方发票、验收单、订货单和请购单的合理性和真实性;追查存货的采购至存货永续盘存记录;检查取得的固定资产。

(2)(完整性)已发生的购货业务均已记录。

其一,订货单均经事先编号并已登记入账;验收单均经事先编号并已登记入账;付款凭单均经事先连续编号并已登记入账。

其二,检查订货单连续编号的完整性;检查验收单连续编号的完整性;检查付款凭单连续编号的完整性。

其三,从验收单追查至采购明细账;从卖方发票追查至采购明细账。

(3)(准确性、计价和分摊)所记录的购货业务估价正确。

其一,对计算的准确性进行内部查核。采购价格和折扣的批准。

其二,检查内部核查的标记;审核批准采购价格和折扣的标记。

其三,将采购明细账中记录的业务与付款凭单、验收单和其他证明文件作比较;复算包括折扣和运费在内的付款凭单填写的准确性。

(4)(分类)购货业务的分类正确。

其一,采用适当的会计科目表;分类的内部核查。

其二,审查工作手册和会计科目表;检查有关凭证上内部核查的标记。

其三,参照卖方发票,比较会计科目表上的分类。

(5)(截止或及时性)购货业务按正确的日期记录。

其一,要求一收到商品或接受劳务就记录购货业务;内部核查。

其二,检查工作手册并观察有无未记录的卖方发票存在;检查内部核查的标记。

其三,将验收单和卖方发票上的日期与采购明细账中的日期进行比较。

(6)(过账和汇总)购货业务被正确记入应付账款和存货等明细账中,并被准确汇总。

其一,应付账款明细账内容的内部查核。

其二,检查内部查核的标记。

其三,通过加计采购明细账,追查过入采购总账和应付账款、存货期细账的数额是否正确,用来测试过账和汇总的正确性。

4. 固定资产的内部控制和控制测试。

(1)固定资产的预算制度。注册会计师应注意检查固定资产的取得与处置是否依据预算,对实际支出与预算之间的差异以及未列入预算的特殊事项,检查其是否履行特别的审批手续。

(2)授权批准制度。注册会计师不仅要检查授权批准制度本身是否完善,还要关注授权批准制度是否得到切实执行。

(3)账簿记录制度。除固定资产总账外,被审计单位还需设置固定资产明细分类账和固定资产登记卡、按固定资产类别、使用部门和每项固定资产进行明细分类核算。固定资产增减变化均有原始凭证。

(4)职责分工制度。对固定资产的取得、记录、保管、使用、维修、处置等,均应明确划分责任,由专门部门和专人负责。明确的职责分工制度,有利于防止舞弊,降低注册会计师的审计风险。

(5)资本性支出和收益性支出的区分制度。企业应制定区分资本性支出和收益性支出的书面标准。

(6)固定资产的处置制度。固定资产的处置包括投资转出、报废、出售等,均要有一定的申请报批程序。

(7)固定资产的定期盘点制度。对固定资产的定期盘点,是验证账面各项资产真实存在、了解资产放置地点和使用状况以及发现是否存在未入账固定资产的必要手段。注册会计师应了解和评价企业固定资产盘点制度,并应注意查询长期盘盈、盘亏固定资产的处理情况。

(8) 固定资产的维护保养制度。固定资产应有严密的维护保养制度,以防止其因各种自然和人为的因素而遭受损失,并应建立日常维护和定期检修制度,以延长期使用寿命。

5. 应付账款审计。

(1) 应付账款的审计目标。确定资产负债表中记录的应付账款是否存在;确定所有应当记录的应付账款是否均已记录;确定资产负债表中记录的应付账款是否为被审计单位应当履行的现时义务;确定应付账款是否以恰当的金额包括在财务报表中,与之相关的计价调整是否已恰当记录;确定应付账款是否已按照企业会计准则的规定在财务报表中作出恰当的列报。

(2) 重要的实质性程序。

其一,获取或编制应付账款明细表,复核加计正确,并与报表数、总账数和明细账合计数核对是否相符。

其二,根据被审计单位的实际情况,选择以下方法对应付账款进行分析性复核:对本期期末应付账款余额与上期期末余额进行比较,分析其波动原因;分析长期挂账的应付账款,要求被审计单位作出解释,判断被审计单位是否缺乏偿债能力或利用应付账款隐瞒利润;计算应付账款对存货的比率、应付账款对流动负债的比率,并与以前期间对比分析,评价应付账款整体的合理性;利用存货、主营业务收入和主营业务成本的增减变动幅度,判断应付账款增减变动的合理性。

其三,函证应付账款。一般情况下,应付账款不需要函证,这是因为函证不能保证查出未记录的应付账款,况且注册会计师能够取得购货发票等外部凭证来证实应付款的余额。但如果控制风险较高,如某个应付账款明细账户的金额较大或被审计单位处于财务困难阶段,则应进行应付账款的函证。

进行函证时,注册会计师应从供应商清单中选择重要的、交易繁多的供应商,以及那些在财务报表日金额不大、甚至为零,但为企业重要供货人的债权人,作为函证对象。函证最好采用肯定形式,并具体说明应付金额。若存在未回函的重大项目,注册会计师应采用替代审计程序。

其四,查找未入账的应付账款。为了防止企业低估负债,注册会计师应审查被审计单位有无故意漏记应付账款。审查时,注册会计师应检查被审计单位在财务报表日未处理的不相等的购货发票(如抬头不符,与合同某项规定不符等)及有材料入库凭证但未收到购货发票的经济业务;检查财务报表日后收到的购货发票,确认其入账时间是否正确;检查财务报表日后应付账款明细账贷方发生额的相应凭证,确认其入账时间是否正确。审查时,注册会计师还可以通过询证被审计单位的会计和采购人员,查阅资本预算、工作通知单和基建合同来进行。

【例题 4-1·单项选择题】 下列审计程序中,不与应付账款的完整性认定直接相关的是( )。

A. 检查被审计单位与其供应商之间的对账单

B. 检查资产负债表日后应付账款明细账贷方发生额的相应凭证

C. 检查资产负债表日前已偿付应付账款的银行付款单据

D. 检查长期挂账的应付账款的相关原始凭证

【答案】 D

【解析】 检查长期挂账的应付账款相关原始凭证与准确性、计价和分摊认定有关。

6. 固定资产的实质性审计程序一般包括如下几个：

(1) 固定资产明细表测试：注册会计师应当获取或编制固定资产明细表，复核加计是否正确，并与总账数和明细账合计数核对是否相符，结合累计折旧、固定资产减值准备与报表数核对是否相符。

(2) 实质性分析程序：分类计算"本期计提折旧额与固定资产原额"的比率，并与上期比较；计算固定资产"修理与维护费用占固定资产原值"的比例，并进行本期各月、本期与以前各期的比较。

(3) 实地盘点固定资产：注册会计师应当对重要固定资产进行实地检查，确定其是否存在。在实际工作中，注册会计师可以以固定资产明细分类账为起点，进行实地追查，以证明会计记录中所列固定资产确实存在，并了解其目前的使用状况；也可以以实地为起点，追查至固定资产明细分类账，以获取实际存在的固定资产均已入账的证据。

(4) 检查固定资产的所有权：对各类固定资产，注册会计师应获取、收集不同的证据以确定其是否确归被审计单位所有。

(5) 检查本期固定资产的增加：注册会计师应当询问管理层当年固定资产的增加情况，并与获取或编制的固定资产明细表进行核对，重点检查本年度增加固定资产的计价是否正确、手续是否齐备、会计处理是否正确。

(6) 检查本期固定资产的减少：固定资产的减少主要包括出售、报废、毁损、盘亏、向其他单位投资转出、向债权人抵债转出、捐赠等。注册会计师需要确定固定资产的减少是否合理、是否经过授权批准、是否进行了恰当的会计处理。

(7) 检查固定资产的租赁：租赁分为经营租赁和融资租赁，应分别检查。

(8) 检查固定资产折旧：折旧费用最重要的审计目标是准确性，而准确性又涉及被审计单位在不同会计期间是否遵循一致的折旧政策和被审计单位的折旧额计算是否正确两个主要方面。注册会计师在审计工作中需要对此予以特别关注。

(9) 检查固定资产减值准备。

(10) 检查列报的恰当性：注册会计师应当检查固定资产在财务报表中的列报是否恰当。

# 教材课后习题答案

## 一、思考题

1. 注册会计师应检查财务报表日后收到的采购发票，关注采购发票的日期，确定其入账时间是否正确;获取被审计单位与其供应商之间的对账单(应从非财务部门获取,如采购部门),并将对账单和被审计单位财务记录之间的差异进行调节(如在途款项、在途货物、付款折扣、未记录的负债等),检查有无未入账的应付账款,确定应付账款金额的准确性;检查财务报表日后应付账款明细账贷方发生额的相应凭证,关注其购货发票的日期,确认其入账时间是否合理;针对已偿付的应付账款,追查至银行对账单、银行付款单据和其他原始凭证,检查其是否在财务报表日前真实偿付;针对财务报表日后付款事项,检查银行对账单及有关付款凭证,询问被审计单位内部或外部的知情人员,确定有无未及时入账的应付账款。检查时,注册会计师还可以通过询问被审计单位的会计和采购人员,查阅资本预算、工作通告单和基建合同等来进行。

2. 不能。将固定资产原值与全年产量的比率同以前年度比较,可能发现固定资产闲置或已减少固定资产未在账户上注销的现象。

3. 审计资产类项目主要关注资产的真实性,考虑其是否存在、是否真实,因此对资产账户的审计更侧重于防止高估和虚列。审计负债类项目主要关注负债的完整性,考虑其是否完整记录,因此对负债账户的审计更侧重于防止低估和漏列。

4. 分析预付账款与主营业务成本比率和增减幅度,要求被审计单位作出解释,判断被审计单位的主营业务成本增长变化是否正常,并注意是否出现主营业务成本的虚增或降低,避免出现隐瞒利润和虚增利润的情形。

5. 不重复。购货发票的日期代表的是应付账款的实际发生日期,应付账款明细账贷方发生额的相应凭证入账时间主要是指原始凭证等。

6. 折旧不应计入制造费用,注册会计师应提醒被审计单位进行调整。

7. 供应商开具的发票。该项证据是从被审计单位处获取的,如果被审计单位藏匿部分发票不入账,注册会计师不一定能看出来。供应商提供的月对账单与对供应商的函证等审计证据是供应商提供的,属于外部证据、书面证据,且可由注册会计师亲自获取,所以,证明有利。

## 二、选择题

| 1 | 2 | 3 | 4 | 5 | 6 | 7 | 8 | 9 | 10 | 11 | 12 |
| --- | --- | --- | --- | --- | --- | --- | --- | --- | --- | --- | --- |
| B | D | A | B | A | C | A | A | B | A | B | B |

## 三、案例讨论题

1. 如果我是刘玉,我认为上述四家供货商中 A 和 D 两家最需要函证。因为应付账款函证的目的主要在于查实未入账的应付账款,函证对象应是金额较大的项目或是交易频繁但期末余额较小的项目,A 和 D 两家符合。

2. 利用分析程序,计算本期折旧额与固定资产原值的比率,并与期初进行比较。

房屋建筑年初比率:$6\,980 \div 41\,860 \times 100\% = 16.67\%$

年末比率:8 714÷47 128×100%=18.49%

通用设备年初数:1 686÷17 224×100%=9.79%

年末比率:3 388÷19 416×100%=17.45%

专用设备年初数:6 160÷20 016×100%=30.78%

年末比率:8 202÷27 482×100%=29.84%

运输工具年初数:1 984÷3 362×100%=59.01%

年末比率:1 868÷3 134×100%=59.60%

其他设备年初比率:230÷778×100%=29.56%

年末比率:390÷1 056×100%=36.93%

从上述计算结果可以看出通用设备折旧数与固定资产原值、其他设备折旧数与固定资产原值的比率与年初比率有较大差距,可能表明其计提的折旧存在异常。

3.(1)首先,张三在发现佣金支出异常时对其运用实质性分析程序是正确的。根据佣金率及各地区销货收入核算佣金支出,并与实际佣金比较,可以分析出是否存在重大不一致。其次,张三对接近总公司电脑资料的密码未加控制及未定期追踪查对销货订单及装运文件等号码,感到十分关心,却并未实施相应的控制测试,是不合适的。再次,张三对凯华公司在电脑处理佣金计算过程时未执行记录总数核对并比较现职有效员工编号感到不放心,但并未对其实施相应测试,不符合审计的执业谨慎性。最后,张三怀疑有舞弊的存在,却未对特别风险予以足够的关注,来对其实施进一步审计程序,主观断定其没有重大影响,没有保持应有的执业谨慎性。

(2)首先,在运用计算机会计核算手段时,要对其采用相关控制措施,如对操作员的身份进行验证,对身份的有效性定期复核等。其次,在计算机控制的同时进行必要的人工控制,如佣金支出必须经过授权审批、实行不相容职务分离等。最后,要定期更换审计项目负责人,招聘员工时应慎重把关。

## 思考与练习

一、单项选择题

1. 验收商品是购货业务中的重要环节,验收单作为这一环节中的关键凭证,备受审计人员的重视。以下关于验收单的各种说法中,注册会计师不应认可的是( )。
   A. 验收部门应将已收到货物的每张订购单编制一式多联、预先编号的验收单
   B. 验收人员在将已验收商品送交仓库或其他请购部门时,可要求接收人在验收单副联上签字,以确定签收部门的保管责任
   C. 验收人员应将验收单的副联之一送交应付凭单部门
   D. 验收单是支持"发生"的重要凭据,但被审计单位无法通过验收单发现购货交易"完整性"认定的错误

2. 在查找已提前报废但尚未作出会计处理的固定资产时,最有可能实施的是( )。

A. 以检查固定资产实物为起点,检查固定资产的明细账和投保情况

B. 以检查固定资产明细账为起点,检查固定资产实物和投保情况

C. 以分析折旧费用为起点,检查固定资产实物

D. 以检查固定资产实物为起点,分析固定资产维修和保养费用

3. 下列有关注册会计师针对不同固定资产的所有权实施的审计程序中,不正确的是( )。

A. 针对外购的机器设备等固定资产,注册会计师经常通过审核采购发票、采购合同等予以确定

B. 针对汽车等运输设备,注册会计师应验证有关运营证件(如行车证)等

C. 针对房地产类固定资产,注册会计师需查阅有关的合同、产权证明、财产税单(房产税、契税等)、抵押借款的还款凭据、保险单等书面文件

D. 针对融资租入的固定资产,注册会计师应验证固定资产本期折旧计提是否正确,是否作为自有资产进行管理

4. 下列有关注册会计师在检查本年度增加固定资产的计价是否正确、手续是否齐备、会计处理是否正确的审计程序中,不恰当的是( )。

A. 对于已经达到预定可使用状态,但尚未办理竣工决算手续的固定资产,检查其是否已按公允价值入账,相关估价是否合理,并按规定计提折旧

B. 对于融资租赁增加的固定资产,获取融资租入固定资产的相关证明文件,检查融资租赁合同的主要内容,并结合长期应付款、未确认融资费用账户检查相关的会计处理是否正确

C. 对于更新改造增加的固定资产,检查通过更新改造而增加的固定资产,增加的原值是否符合资本化条件,是否真实,会计处理是否正确,重新确定的剩余折旧年限是否恰当

D. 检查固定资产是否存在弃置费用,如果存在弃置费用,检查弃置费用的估计方法和弃置费用现值的计算是否合理,会计处理是否正确

5. 一般而言,对凭证进行连续编号是被审计单位购货业务的一项重要的内部控制措施。但对于部门较多的被审计单位,一般并不对( )进行连续编号。

A. 请购单　　　　B. 订购单　　　　C. 验收单　　　　D. 付款单

6. 检查丙公司2023年度应付账款项目业务时,C注册会计师在审计工作中发现丙公司于2024年4月20日支付了其控股股东丁公司账龄长达4年的应付账款1 000万元(丙公司2023年财务报表于2024年4月30日批准报出)。对此,丙公司在其2023年12月31日的资产负债表中进行如下的披露,其中,C注册会计师不应认可的是( )。

A. 作为期后事项,调整丙公司应付账款项目

B. 在附注中说明未偿还此笔款项的原因

C. 在附注中说明此笔款项已于财务报表日后偿还

D. 在附注说明欠有丁公司的款项

7. 下列各项中,不属于注册会计师对被审计单位的采购与付款业务实施的控制测试的是(    )。

   A. 检查有无长期挂账的应付账款,注意其是否可能无需支付
   B. 检查采购与付款业务授权批准手续是否健全,有无存在越权审批行为
   C. 检查采购与付款业务相关岗位及人员设置情况,有无不相容职务混岗的现象
   D. 检查凭证的登记、领用、传递、保管、注销手续是否健全,使用和保管制度是否存在漏洞

8. 下列关于注册会计师执行的审计程序中,与实现采购交易截止目标最相关的是(    )。

   A. 追查存货的采购记录至存货永续盘存记录
   B. 将验收单和卖方发票上的日期与采购明细账中的日期进行比较
   C. 参照卖方发票,比较会计科目表上的分类
   D. 从验收单追查至采购明细账

9. 下列关于注册会计师为审查被审计单位未入账负债而实施的审计程序中,最为有效的是(    )。

   A. 审查债权人名单
   B. 审查应付账款、应收票据明细账
   C. 审查应付账款、应付票据的函证回函
   D. 审查财务报表日后货币资金支出情况

10. 证实已记录应付账款存在的是(    )

    A. 抽取购货合同、购货发票和入库单等凭证,追查至应付账款明细账
    B. 检查采购文件以确定是否使用预先编号的采购单
    C. 从应付账款明细账追查至购货合同、购货发票和入库单等凭证
    D. 向供应商函证零余额的应付账款

二、多项选择题

1. 采购与付款循环通常要经过的程序有(    )。

   A. 请购               B. 订货
   C. 验收               D. 付款

2. 注册会计师在验证应付账款是否真实存在,通常实施的审计程序有(    )。

   A. 将应付账款清单加总
   B. 从应付账款清单追查卖方发票和卖方对账单
   C. 函证应付账款,重点是大额、异常项目
   D. 对未列入本期的负债进行测试

3. 下列情形中,注册会计师通常应考虑对采购与付款交易和相关余额实施细节测试的

有（　　）。
   A. 重大错报风险评估水平为高
   B. 实质性分析程序显示出未预期的趋势
   C. 对需要在纳税申报表中单独披露的事项进行分析
   D. 需要在财务报表中单独披露的金额或很可能存在错报的金额

4. 针对被审计单位的固定资产，下列各项中，注册会计师认为应计提固定资产折旧的有（　　）。
   A. 以经营租赁方式租出的固定资产　　B. 未使用的固定资产
   C. 提前报废的固定资产　　D. 大修理停用的固定资产

5. 下列关于固定资产和在建工程审计工作底稿及其他相关审计工作底稿的审计结论中，注册会计师认为正确的有（　　）。
   A. 对某项尚未办理竣工决算但已启用的在建工程，建议暂估转入固定资产并计提折旧
   B. 对用流动资金借款建造的某项固定资产，建议对符合资本化条件的借款费用计入在建工程中
   C. 对市场价格已经大幅下跌的某项固定资产，建议按资产评估价值低于账面价值的差额计提减值准备
   D. 对非货币性资产交换取得的固定资产照提折旧

6. 在下列情况中，注册会计师需要决定是否应通过供应商来证实被审计单位期末的应付余额的有（　　）。
   A. 被审计单位对采购与付款交易的控制出现严重缺失
   B. 被审计单位对采购与付款交易的记录被毁损
   C. 注册会计师怀疑存在舞弊情况
   D. 被审计单位对采购与付款交易的会计记录在火灾或水灾中遗失

7. 为应对"记录的采购价格可能不正确"的错报风险，下列关于注册会计师采取的应对措施中，错误的有（　　）。
   A. 询问和检查打印文件，以及解决差异的证据，通过对照发票价格与订购单上的价格，重新执行价格测试
   B. 询问、检查授权批准和授权越权的文件
   C. 询问检查文件，以证实对未执行订购单的跟进情况
   D. 询问和检查打印文件并重新执行截止程序

8. 下列各项中，注册会计师认为需要对固定资产账面价值进行调整的有（　　）。
   A. 对固定资产进行修理发生的费用
   B. 对办公楼进行装修符合资本化的部分
   C. 对融资租赁租入固定资产进行改良发生的费用
   D. 计提固定资产减值准备

9. 下列关于企业对已计提减值准备的固定资产计提折旧的方法中,注册会计师认可的有(　　)。

　　A. 按照该固定资产的账面价值及尚可使用年限重新计算折旧率和折旧额

　　B. 如已计提减值准备的固定资产价值又得以恢复,应当按照恢复后的账面价值以及尚可使用年限重新计算确定折旧率和折旧额

　　C. 对已全额计提减值准备的固定资产,应停止计提折旧

　　D. 因计提固定资产减值准备而调整固定资产折旧额时,对此前已计提的累计折旧不作调整

10. 甲公司2023年度在经营形势、内部管理等方面与2022年度比较,未发生重大变化,且未发生重大重组行为。注册会计师在对甲公司累计折旧进行审计时,注册会计师拟结合固定资产项目的审计,测试本年度所计提折旧费用的整体合理性。以下各项审计程序中,可以实现上述审计目标的有(　　)。

　　A. 根据各项固定资产的增减变动及折旧率,重新计算折旧费用

　　B. 复核折旧费用分配汇总表,并与总账和明细账进行核对

　　C. 计算本年度折旧费用与固定资产原值的比率,并与上年度进行比较

　　D. 根据各月平均固定资产原值以及综合折旧率,重新计算折旧费用

## 三、简答题

注册会计师在对XYZ公司进行审计时,针对固定资产项目执行了下列实质性程序,请指出其执行的审计程序主要可以证实有关的管理层认定是什么?

(1) 检查当年固定资产增加的有关文件。

(2) 实地观察固定资产,并查明其产权的归属。

(3) 查明有无以固定资产担保或抵押等情况。

(4) 审查提取折旧的方法是否适当。

# 第五章 生产与存货循环的审计

 重点、难点讲解及典型例题

本章简单讲述了生产与存货循环所涉及的主要业务活动和相关凭证与记录;存货的内部控制及其测试;重点讲述了存货审计的实质性程序及相关工作底稿,营业成本审计的实质性程序及相关工作底稿。

1. 生产与存货循环所涉及的主要业务活动包括计划和安排生产、发出原材料、生产产品、储存产成品、发出产成品等。

2. 典型的生产与存货循环所涉及的主要凭证和会计记录如表 5-1 所示。

表 5-1　　　　　　　生产与存货循环所涉及的主要凭证和会计记录

| 业务活动 | 涉及的主要凭证和会计记录 |
| --- | --- |
| 计划和安排生产 | 生产任务通知单 |
| 发出原材料 | 领发料凭证、有关记账凭证、相关总账及明细账 |
| 生产产品 | 材料费用分配表、制造费用分配汇总表、成本计算单、有关记账凭证、相关总账及明细账 |
| 储存产成品 | 入库单、有关记账凭证、相关总账及明细账 |
| 发出产成品 | 出库单、有关记账凭证、相关总账及明细账 |

3. 生产与存货循环的内部控制主要包括存货的内部控制和成本会计制度的内部控制两项内容。由于生产与存货循环与其他业务循环的内在联系,生产与存货循环中某些审计测试,特别是对存货的审计测试,与其他相关业务循环的审计测试同时进行将更为有效。

4. 分析程序在存货的审计中也十分重要。注册会计师可以根据具体情况,选择以下方法对存货实施实质性分析程序:

(1) 比较本期与以前各期的毛利率,以发现存货和主营业务成本账户的高估或低估。

(2) 比较本期和以前各期的存货周转率,以发现企业存在影响存货和主营业务成本账户的陈旧存货。

(3) 比较本期和以前各期的存货单位成本,以发现企业存货的单位成本是否存在不合理的变动。

(4) 比较本期与以前各期增加的存货价值,以发现影响存货和主营业务成本账户的汇总、单位成本和总成本的错报。

(5) 比较本期与以前各期的制造成本,以发现影响存货和主营业务成本账户的存货单位成本,特别是直接人工和制造费用的错报。

5. 存货监盘是存货审计的重点程序之一,它是指注册会计师现场观察被审计单位存货的盘点,并对已盘点的存货进行适当的检查。存货监盘主要针对的是存货的存在认定、完整性认定以及权利和义务的认定。

6. 存货监盘计划的主要内容如下:

(1) 存货监盘的目标。存货监盘的目标是获取被审计单位财务报表日有关存货数量和状况的审计证据,检查存货的数量是否真实完整,是否归属被审计单位,存货有无毁损、陈旧、过时、残次和短缺等状况。

(2) 存货监盘的范围。存货监盘范围的大小取决于存货的内容、性质,以及与存货相关的内部控制的完善程度和重大错报风险的评估结果。

(3) 存货监盘的时间。存货监盘的时间,包括实地察看盘点现场的时间、观察存货盘点的时间和对已盘点存货实施检查的时间等,应当与被审计单位实施存货盘点的时间相协调。

(4) 存货监盘的要点。存货监盘的要点主要包括注册会计师实施存货监盘程序的方法、步骤,各个环节应注意的问题以及所要解决的问题。

(5) 存货监盘的人员组成。注册会计师应当根据被审计单位参加存货盘点人员分工、分组情况,存货监盘工作量的大小和人员素质情况,确定参加存货监盘人员的组成,各组成人员的职责和具体的分工情况,并加强督导。

7. 注册会计师在制订存货监盘计划时,应考虑以下因素:存货项目的重要程度、存货的内部控制、存货的重大错报风险和重要性、以前年度存货监盘情况、利用专家的工作。

8. 在存货盘点现场实施监盘时,注册会计师应当实施下列审计程序:评价管理层用来记录和控制存货盘点结果的指令和程序;观察对管理层制定的盘点程序的执行情况;检查存货;执行抽盘。

9. 存货监盘中应注意的问题如下:

(1) 在监盘过程中,注册会计师需要特别关注存货的移动情况,防止遗漏或重复盘点;还应当特别关注存货的状况,观察被审计单位是否已经恰当区分所有毁损、陈旧、过时及残次的存货。

(2) 对特殊类型存货的监盘。对某些特殊类型的存货而言,被审计单位通常使用的盘点方法和控制程序并不完全适用。在这种情况下,注册会计师需要运用职业判断,根据存货的实际情况,设计恰当的审计程序,对存货的数量和状况获取审计证据。

(3) 在被审计单位存货盘点结束前,注册会计师应当再次观察盘点现场,以确定所有应纳入盘点范围的存货是否均已盘点。

(4) 如果存货盘点在财务报表日以外的其他日期进行,注册会计师除实施上述规定的审计程序外,还应当实施其他审计程序,以获取审计证据,确定存货盘点日与财务报表日之间的存货变动是否已得到恰当的记录。

(5) 如果由于不可预见的情况,无法在存货盘点现场实施监盘,注册会计师应当另择日期实施监盘,并对间隔期内发生的交易实施审计程序。

10. 存货计价测试。注册会计师在测试时应当重点关注两个方面的内容:一是存货的计价方法是否符合企业会计准则的规定;二是存货计价方法前后各期是否保持一致。

(1) 外购存货的计价测试:在验证外购存货的计价时,注册会计师需要先弄清被审计单位对发出存货的计价方法。之后,注册会计师应当列出打算进行计价测试的存货清单,并根据被审计单位提供的采购发票进行审查。

(2) 自制存货的计价测试:对自制存货中的直接材料进行计价时,注册会计师应当考虑原材料的单位成本和单位产品所消耗的材料数量两个因素。

11. 存货截止测试。

(1) 存货入库的截止测试:在存货明细账的借方发生额中选取财务报表日前后若干张、一定金额以上的凭证,并与入库记录核对,以确定存货入库被记录在正确的会计期间;在入库记录中选取财务报表日前后若干张、一定金额以上的凭证,与存货明细账的借方发生额进行核对,以确定存货入库被记录在正确的会计期间。

(2) 存货出库的截止测试:在存货明细账的贷方发生额中选取财务报表日前后若干张、一定金额以上的凭证,并与出库记录核对,以确定存货出库被记录在正确的会计期间;在出库记录中选取财务报表日前后若干张、一定金额以上的凭证,与存货明细账的贷方发生额进行核对,以确定存货出库被记录在正确的会计期间。

【例题5-1·单项选择题】 下列有关存货监盘的说法中,错误的是(    )。

A. 对所有权不属于被审计单位的存货,注册会计师在监盘过程中无须执行工作

B. 注册会计师需要监盘时获取盘点日前最后的出库单、入库单据编号,用于执行截止测试

C. 如果存货在盘点过程中未停止流动,注册会计师需要观察被审计单位有关存货移动的控制程序是否得到执行

D. 在监盘过程中,注册会计师需要将所有过时、毁损或陈旧存货的详细情况记录下来,为测试存货跌价准备提供证据

【答案】 A

【解析】 不属于被审计单位的存货,注册会计师需要确认其所有权是否不属于被审计单位。

【例题5-2·多项选择题】 针对被审计单位提供的存货存放地点清单的完整性,下列注册会计师拟执行的程序中,恰当的有(    )。

A. 询问被审计单位除管理层外的营销人员

B. 检查被审计单位存货的出库单、入库单以确定是否存在被审计单位尚未告知的仓库

C. 检查费用支出明细账中与仓库租赁相关的项目

D. 检查被审计单位固定资产清单以了解可用于存放存货的房屋建筑物

【答案】 ABCD

【解析】 以上程序都能帮注册会计师验证清单的完整性。

# 教材课后习题答案

## 一、思考题

1. 如果在存货盘点现场实施存货监盘不可行,注册会计师应当实施替代审计程序,以获取有关存货的存在和状况的充分、适当的审计证据。如果不能实施替代审计程序,注册会计师应当按照《中国注册会计师审计准则第 1502 号——在审计报告中发表非无保留意见》的规定,在审计报告中发表非无保留意见。

2. 例如,被审计单位于 2023 年 12 月 31 日将供应商运来的 30 万元货物验收入库,但是直到 2024 年 1 月 5 日才收到购货发票,此时,被审计单位应根据其他相关原始单据(购货合同、订购单、验收单、入库单等)在 2023 年将该笔交易登记入账。如果被审计单位 2023 年 12 月 31 日对存货进行盘点时包括了这批货物,但在相关会计记录中没有确认这笔负债,则会导致 2023 年度应付账款被低估以及净利润、未分配利润被高估。通过上述例子可以看出,存货入库的截止错误会导致财会报表失真。

3. 注册会计师对被审计单位的受托代销商品不应该列入监盘范围,委托加工物资也不应列入监盘范围。

4. 存货周转率与销售成本和平均存货有关,存货管理或控制程序发生变化,可能会使平均存货变化进而引起存货周转率变动。例如,存货控制程序变化使存货量达到一个低水平,就会引起存货周转率变化。

5. 被审计单位的寄销存货金额较大时,注册会计师采用函证方式确认存货数量不可行,此时应通过存货监盘来获取有关存货数量和状况的审计证据。

6. 注册会计师审计某公司存货项目时,若存货出现毁损,修复费用过高时会出现这种现象。

7. 如果注册会计师怀疑被审计单位可能存在虚构工资问题,应就工资费用的发生进行测试,采用逆查的方法,即从总账明细账中的工资费用入手追查至个人的工资费用结账单及实发工资数。

## 二、选择题

| 1 | 2 | 3 | 4 | 5 | 6 |
| --- | --- | --- | --- | --- | --- |
| C | D | ABD | AC | ABCD | AD |

## 三、案例讨论题

1. 短缺 2 桶油漆计 100 元,记入"材料成本差异"账户,这个应该查明原因,不能将其计入材料成本差异；采购员报销差旅费 600 元应计入材料成本。

2.（1）是实质性程序，其目的是观察可以提供工时和工资计算等的审计证据。

（2）是控制测试，其目的是通过工资是否经过授权批准来评价与工资相关的内部控制。

（3）是实质性分析程序，其目的是判断期末工资是否存在异常。

（4）是控制测试中的重新执行，其目的是评价有关工资的内部控制是否被正确执行。

3.（1）考虑到本案例中存货的特殊性和重要性，考虑到注册会计师在预审时已经发现存货存储设施简陋，以及会计师事务所首次接受委托等因素，注册会计师已经将存货评价为重大错报风险领域。因此，首选程序应当是在期末实施存货监盘。

（2）在预审时观察过部分存货现场，只是了解存货内控制度及其执行情况的部分审计程序，不能作为不实施期末存货监盘程序的理由。

（3）注册会计师试图通过财务报表日后（2×22 年 3 月 31 日）对存货进行监盘，并根据盘点日与财务报表日之间的存货变动情况倒轧存货的期末余额。这种做法的前提是君山公司的存货内控运行有效、间隔期的存货变动记录真实、完整。同时有必要考虑的是，间隔期越长，倒轧结果的可靠性越弱。

（4）君山公司产成品（桶装果汁）存放于工厂仓库、中转仓库及装运码头三处。而注册会计师在财务报表日后（2×22 年 3 月 31 日）对存货进行的监盘仅涉及其中一处（工厂仓库），因此即使是倒轧，得出的结果也不足以对截至 2×21 年 12 月 31 日的产成品整体发表审计意见（例如，被审计单位可能以"拆东墙补西墙"的方式实施舞弊）。为此，注册会计师应当要求君山公司于 2×22 年 3 月 31 日对三处产成品存放地点的存货同时进行盘点，并派遣审计人员进行监盘，尤其是关注存货的移动情况。

（5）注册会计师在 2×21 年 12 月与君山公司协商时已将拟检查的产成品样本告知了管理层，这进一步加大了君山公司管理层实施舞弊的可能性。

（6）作为首次接受委托的审计业务，注册会计师并未实施适当的审计程序对存货期初余额进行检查。注册会计师出具标准无保留意见的审计报告并不恰当。

## 思考与练习

### 一、单项选择题

1. B 注册会计师对乙公司实施存货监盘程序，在对存货实施监盘程序时，下列关于 B 注册会计师的做法中，不恰当的是（　　）。

    A. 对于受托代存存货，实施向存货所有权人函证等审计程序

    B. 乙公司相关人员完成存货盘点程序后，注册会计师进入存货存放地点对已盘点存货实施检查程序

    C. 对于已作质押的存货，向债权人函证与质押存货相关的内容

    D. 对于因特殊性质而无法监盘的存货，实施向顾客或供应商函证等程序

2. 如果注册会计师了解到被审计单位会计人员经常发生变动,针对这种情况,以下说法中,不正确的是(　　)。
   A. 这可能导致在各个会计期间将费用分配至产品成本的方法出现不一致
   B. 可能引发存货交易和余额的重大错报风险
   C. 可能导致存货项目的可变现净值难以确定
   D. 增加了错误的风险

3. 下列关于存货监盘计划的说法中,正确的是(　　)。
   A. 注册会计师应仅根据自己的专业判断和往年的审计经验,编制存货监盘计划
   B. 存货监盘程序用作控制测试还是实质性程序,取决于注册会计师的专业胜任能力
   C. 注册会计师应当根据对被审计单位存货盘点和对被审计单位内部控制的评价结果确定检查存货的范围
   D. 存货监盘范围的大小取决于注册会计师审计时间的分配以及审计成本的核算

4. 在对存货进行计价测试时,要求注册会计师掌握企业所使用的存货计价方法,这是因为在存货计价测试中,要求注册会计师首先(　　)。
   A. 关注企业存货计价方法的合理性与一贯性
   B. 按照企业计价方法对存货进行计价测试
   C. 排除企业已有计价方法的影响,进行独立测试
   D. 分析企业存货计价中所出现的问题的原因

5. 下列有关生产与存货循环涉及的主要凭证与会计记录的说法中,错误的是(　　)。
   A. 生产任务通知单,是企业下达制造产品等生产任务的书面或口头文件,用来通知供应部门组织材料发放,生产车间组织产品制造,会计部门组织成本计算
   B. 领发料凭证是企业为控制材料发出所采用的各种凭证,如材料发出汇总表、领料单、限额领料单、领料登记簿、退料单等
   C. 产量和工时记录是登记工人或生产班组在出勤时间内完成产品数量、质量和生产这些产品所耗费工时数量的原始记录
   D. 工薪汇总表是为了反映企业全部工薪的结算情况,并据以进行工薪总分类核算和汇总整家企业工薪费用而编制的,它是企业进行工薪费用分配的依据

6. 某产品的毛利率与上一年相比有所上升,甲公司提供了以下解释,其中与毛利率变动不相关的是(　　)。
   A. 该产品的销售价格与上一年相比有所上升
   B. 该产品的产量与上一年相比有所增加
   C. 该产品的销售收入、销售成本不变,但该产品的销售收入占当年主营业务收入的比例与上一年相比有所上升
   D. 该产品使用的主要原材料的价格与上一年相比有所下降

7. 下列关于注册会计师针对特殊类型存货实施的监盘程序的说法中,不正确的是(　　)。

A. 针对木材、钢筋盘条、管子等存货,通过检查标记或标识,利用专家或被审计单位内部有经验人员的工作

B. 针对堆积型存货,运用工程估测、几何计算、高空勘测,并依赖详细的存货记录等

C. 针对散装物品类存货,使用容器进行监盘或通过预先编号的清单列表加以确定

D. 针对贵重金属类的存货,检查标记或标识

8. 下列关于注册会计师对存货检查时的表述中,不正确的是( )。

   A. 检查的目的既可以是证实被审计单位的盘点计划得到适当的执行,也可以是证实被审计单位的存货实物总额

   B. 如果观察程序能够表明被审计单位的组织管理得当,盘点、监督以及复核程序充分有效,注册会计师可据此减少所需检查的存货项目

   C. 检查的范围通常包括所有盘点工作小组的盘点内容以及难以盘点或隐蔽性较强的存货

   D. 注册会计师应尽可能地让被审计单位了解自己将抽取测试的存货项目,以便双方做好协调工作,提高效率

9. 下列有关存货监盘的说法中,错误的是( )。

   A. 对所有权不属于被审计单位的存货,注册会计师在监盘过程中无需执行工作

   B. 注册会计师需要监盘时获取盘点日前最后的出、入库单据编号,用于执行截止测试

   C. 如果存货在盘点过程中未停止流动,注册会计师需要观察被审计单位有关存货移动的控制程序是否得到执行

   D. 在监盘过程中,注册会计师需要将所有过时、毁损或陈旧存货的详细情况记录下来,为测试存货跌价准备提供证据

10. 下列有关存货监盘的说法中,正确的是( )。

    A. 注册会计师在实施存货监盘过程中不应协助被审计单位的盘点工作

    B. 注册会计师实施存货监盘通常可以确定存货的所有权

    C. 由于不可预见的情况而导致无法在预定日期实施存货监盘,注册会计师可以实施替代审计程序

    D. 注册会计师主要采用观察程序实施存货监盘

## 二、多项选择题

1. 存货监盘计划的主要内容包括( )。

   A. 存货监盘的目标、范围及时间安排

   B. 抽查的范围

   C. 参加存货监盘人员的分工

   D. 存货监盘的要点及关注事项

2. 注册会计师B于2024年3月10日对N公司的存货进行了监盘,监盘中按存货金额45%的比例进行了抽查,抽查结果显示抽盘日账实相符,则以下说法中,正确的

有( )。

A. 注册会计师B实施检查的目的是证实被审计单位的存货实物总额

B. 注册会计师B实施检查的目的是确证被审计单位的盘点计划得到适当的执行

C. 注册会计师B还应再根据盘点结果和财务报表日至抽点日存货收、发的金额倒推计算财务报表日的金额,以验证财务报表日存货的真实性

D. 注册会计师B可直接据以得出财务报表日存货真实存在的审计结论

3. 注册会计师在确定被审计单位寄销在外地的存货是否存在时,采取的下列方法中,恰当的有( )。

A. 向寄销单位发询证函

B. 审查有关原始单证、账簿记录

C. 亲自前往存放地观察盘点

D. 委托存放当地的会计师事务所负责监盘

4. 甲公司2023年度的存货周转率为2.8,与2022年度相比有所下降。甲公司提供的以下理由中,不能解释存货周转率变动趋势的有( )(甲公司该存货周转率的计算主要是为了评估存货管理业绩)。

A. 由于主要原材料价格比2022年度下降了12%,甲公司从2023年1月份开始将主要原材料的日常储备量提高了20%

B. 甲公司主要产品深受广大客户欢迎,2023年度市场需求渐增,在成本稳定不变的前提下,平均销售价格比2022年度相比有所上升,并且甲公司预期销售价格将继续上升

C. 甲公司在2023年第4季度接到了一笔巨额订单,订货数量相当于甲公司月产能的120%,交货日期为2024年1月1日

D. 从2023年6月开始,甲公司将部分产品针对主要销售客户的营销方式由原来的收取手续费模式转为视同买断模式

5. 注册会计师在对期末存货进行截止测试时,下列应当关注的内容中,正确的有( )。

A. 所有在截止日以前入库的存货项目是否均未包括在盘点范围内,且未包括在截止日的存货账面余额中

B. 所有在截止日以前装运出库的存货项目是否均未包括在盘点范围内,且未包括在截止日的存货账面余额中

C. 在途存货和被审计单位直接向顾客发运的存货是否均未得到适当的会计处理

D. 所有已记录为购货但尚未入库的存货是否均已包括在盘点范围内,并已反映在会计记录中

6. 下列关于注册会计师针对特殊类型存货实施的监盘程序的说法中,正确的有( )。

A. 针对木材、钢筋盘条、管子等存货,通过检查标记或标识,利用专家或被审计单位内部有经验人员的工作

B. 针对堆积型存货，运用工程估测、几何计算、高空勘测，并依赖详细的存货记录等
C. 针对散装物品类存货，使用容器进行监盘或通过预先编号的清单列表加以确定
D. 针对贵重金属类的存货，检查标记或标识

7. 注册会计师对被审计单位存货实施监盘程序，下列检查程序中，正确的有（  ）。
   A. 注册会计师应当对已盘点的存货进行适当检查，将检查结果与被审计单位盘点记录相核对，并形成相应记录
   B. 在检查已盘点的存货时，注册会计师应当从存货盘点记录中选取项目追查至存货实物，以测试盘点记录的准确性
   C. 注册会计师应当从存货实物中选取项目追查至存货盘点记录，以测试存货的存在性
   D. 如果检查时发现差异，注册会计师应当查明原因，及时提请被审计单位更正

8. 乙注册会计师测试 XYZ 股份有限公司存货计价时，应从存货数量已经盘点、单价和总金额已经记入存货汇总表的结存存货中选择，并考虑着重选择的样本有（  ）。
   A. 结存余额较大的项目
   B. 价格变动较频繁的项目
   C. 结存余额为零的项目
   D. 具有代表性的项目

9. 存货监盘计划应包括的内容有（  ）。
   A. 被审计单位的盘点时间安排
   B. 存货监盘的目标、范围和时间安排
   C. 检查存货的范围
   D. 存货监盘人员的分工

10. A 注册会计师一般需要复核或与管理层讨论其存货盘点程序。在复核或与管理层讨论其存货盘点程序时，A 注册会计师应当考虑的主要因素有（  ），以评价其能否合理地确定存货的数量和状况。
    A. 盘点的时间安排
    B. 存货盘点范围和场所的确定
    C. 盘点人员的分工及胜任能力
    D. 盘点前的会议及任务布置

## 三、简答题

某企业仓库保管员负责登记存货明细账，以便对仓库中所有存货项目的收、发、存进行永续记录。当仓库保管员收到验收部门送交的存货和验收单后，根据验收单登记存货明细账。平时，各车间或其他部门如果需要领取原材料，都可以填写领料单，仓库保管员根据领料单发出原材料。该企业辅助材料的用量很少，因此领取辅助材料时，没有要求使用领料单。各车间经常有辅助材料剩余（根据每天特定工作购买而未消耗掉，但其实还可再为其他工作所用的），这些材料由车间自行保管，无须通知仓库。如果仓库保管员有时间，偶尔也会对存货进行实地盘点。请根据上述描述，回答以下问题：你认为上述描述的内部控制有什么缺陷？并简要说明该缺陷可能导致的错弊。

# 第六章 货币资金的审计

**重点、难点讲解及典型例题**

本章主要对货币资金审计进行了阐述并介绍了库存现金审计和银行存款审计。

1. 货币资金有以下特点：①关乎企业命脉；②流动性强；③业务量大；④控制较为严格；⑤固有风险高。

2. 货币资金的收付涉及企业生产经营的方方面面，因而其与各个交易循环均直接相关。图6-1列示了货币资金与各个交易循环中具有代表性的会计科目或财务报表项目的资金往来关系。图6-2更加直观地展示了货币资金作为各个交易循环的枢纽，起到了"资金池"的作用。

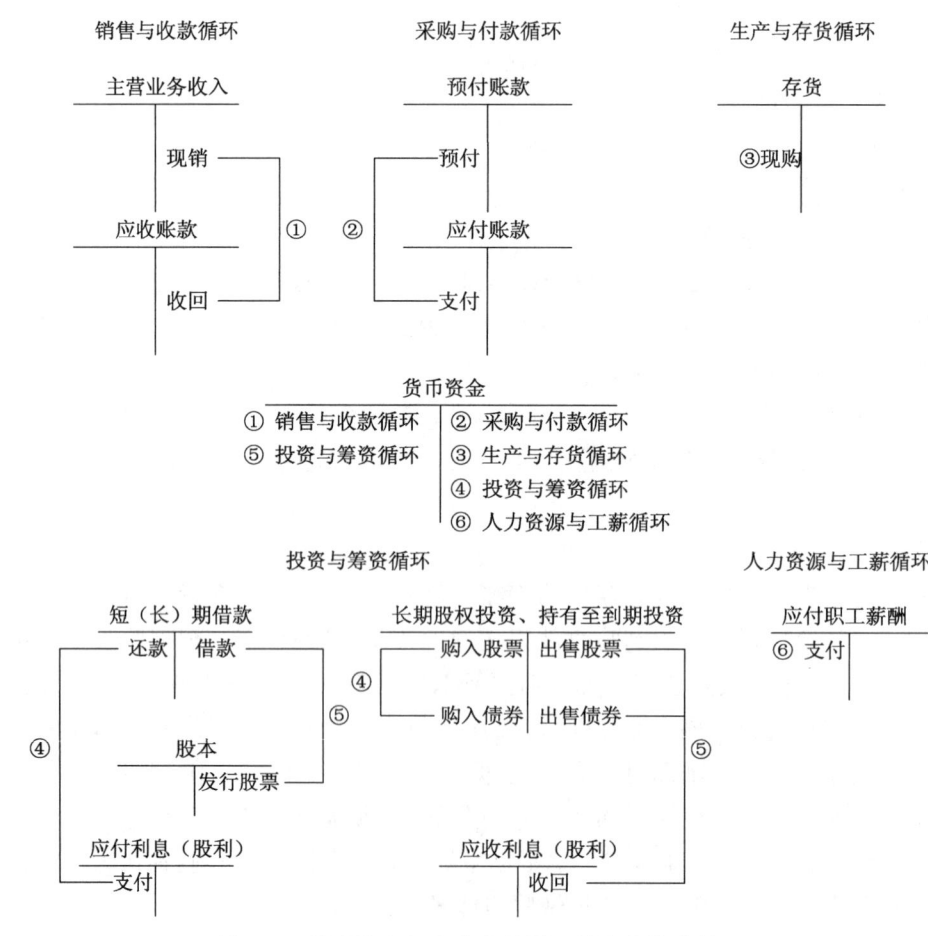

图6-1 货币资金与各个交易循环的资金往来关系

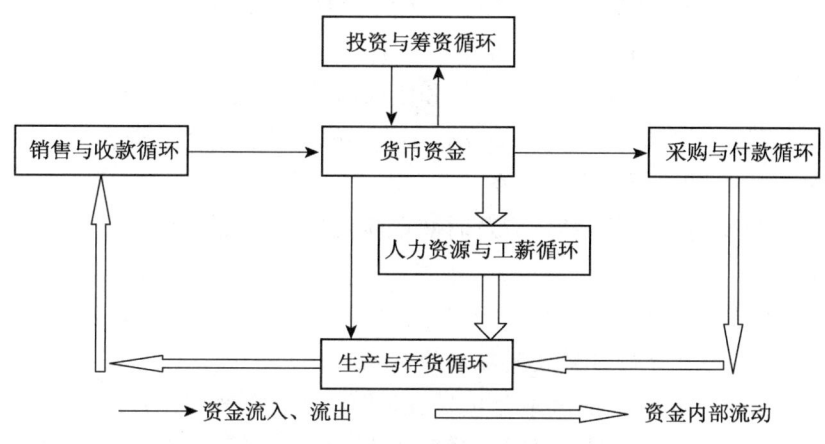

图 6-2 货币资金的"资金池"作用

3. 资金营运内部控制的关键控制点主要包括：①审批控制点；②复核控制点；③收付控制点；④记账控制点；⑤对账控制点；⑥银行账户管理控制点；⑦票据与印章管理控制点。

4. 企业货币资金内部控制的关键控制点、控制目标与控制措施的对应关系如表 6-1 所示。

表 6-1　　　　　　关键控制点、控制目标与控制措施的对应关系

| 风险控制点 | 控制目标 | 控制措施 |
| --- | --- | --- |
| 审批 | 合法性 | 未经授权不得经办资金收付业务；明确不同级别管理人员的权限 |
| 复核 | 真实性与合法性 | 会计对相关凭证进行横向复核和纵向复核 |
| 收支点 | 收入入账完整，支出手续完备 | 出纳人员根据审核后的相关收付款原始凭证收款和付款，并加盖戳记 |
| 记账 | 真实性 | 出纳人员根据资金收付凭证登记日记账，会计人员根据相关凭证登记有关明细分类账；会计主管人员登记总分类账 |
| 对账 | 真实性和财产安全 | 账证核对、账表核对与账实核对 |
| 保管 | 财产安全与完整 | 授权专人保管资金；定期、不定期盘点 |
| 银行账户管理 | 防范小金库；加强业务管控 | 开设、使用与撤销的授权；是否有账外账 |
| 票据与印章管理 | 财产安全 | 票据统一印制或购买；票据由专人保管；印章与空白票据分管；财务专用章与企业法人章分管 |

【例题 6-1·多项选择题】　被审计单位与货币资金相关的内部控制中，存在缺陷的包括(　　)。

A. 对于审批人超越授权范围审批的货币资金业务，经办人员先行办理后，需要及时向审批人的上级授权部门报告
B. 不签发、取得和转让没有真实交易和债权债务的票据
C. 出纳人员应当根据复核无误的支付申请，按规定办理货币资金支付手续，及时登记库存现金和银行存款日记账
D. 出纳人员支付货币资金后，应及时登记应付账款明细账

【答案】 AD

【解析】 A选项对于审批人超越授权范围审批的货币资金业务，经办人员无权办理；D选项出纳人员不得负责应付账款明细账的登记工作。

5. 库存现金内部控制的测试主要包括：①了解现金内部控制；②抽取一定期间的现金日记账与总账核对；③检查收款凭证；④检查付款凭证；⑤检查外币现金的折算方法是否符合有关规定，是否与上年度一致；⑥评价库存现金的内部控制。

6. 库存现金的实质性程序一般包括如下几个：

（1）核对现金日记账与总账的余额是否相符，检查非记账本位币库存现金的折算汇率及折算金额是否正确。

（2）监盘库存现金。

（3）分析被审计单位日常库存现金余额是否合理，关注是否存在大额未缴存的现金。

（4）抽查大额库存现金收支。

（5）抽查财务报表日后若干天的、一定金额以上的现金收支凭证实施截止测试。

（6）检查库存现金是否在资产负债表上恰当列报。

7. 银行存款审计中控制测试的主要步骤如下：

（1）了解银行存款的内部控制。

（2）抽取一定期间的银行存款日记账与总账核对。

（3）检查银行存款收款凭证。

（4）检查银行存款付款凭证。

（5）抽取一定期间银行存款余额调节表，查验其是否按月正确编制并经复核。

（6）检查外币银行存款的折算方法是否符合有关规定，是否与上年度一致。

（7）评价银行存款的内部控制。

注册会计师在完成上述程序之后，即可对银行存款的内部控制进行评价。评价时，注册会计师应首先确定银行存款内部控制可信赖的程度以及存在的薄弱环节和缺点；其次据以确定在银行存款实质性程序中对哪些环节可以适当减少审计程序，哪些环节应增加审计程序并作重点检查，以减少审计风险。

8. 银行存款审计的实质性程序一般包括如下几个：

（1）核对银行存款日记账与总账的余额是否相符。

（2）实施实质性分析程序。

（3）检查银行存单。

(4) 取得并检查银行存款余额对账单和银行余额调节表。

(5) 函证银行存款余额,编制银行函证结果汇总表,检查银行回函。

(6) 检查银行存款账户存款人是否为被审计单位,若存款人非被审计单位,应获取该账户户主和被审计单位的书面声明,确认财务报表日是否需要调整。

(7) 关注是否存在质押、冻结等对变现有限制或存在境外的款项。

(8) 对不符合现金及现金等价物条件的银行存款在审计工作底稿中予以列明,以考虑对现金流量表的影响。

(9) 抽查大额银行存款收支的原始凭证,检查原始凭证是否齐全、记账凭证与原始凭证是否相符、账务处理是否正确、是否记录于恰当的会计期间等项内容。

(10) 检查银行存款收支的正确截止。

(11) 检查银行存款的列报是否恰当。

**【例题 6-2·单项选择题】** 如果被审计单位某银行账户的银行对账单余额与银行存款日记账余额不符,最有效的审计程序是( )。

A. 检查该银行账户的银行存款余额调节表

B. 重新测试相关的内部控制

C. 检查银行存款日记账中记录的资产负债表日前后的收付情况

D. 检查银行对账单中记录的资产负债表日前后的收付情况

**【答案】** A

**【解析】** 检查银行存款余额调节表可以查明银行对账单余额与银行存款日记账余额不符的原因。

# 教材课后习题答案

## 一、思考题

1. 货币资金通常表现出以下特点:

(1) 关乎企业命脉。

(2) 流动性强。

(3) 业务量大。

(4) 控制较为严格。

(5) 固有风险高。

2. 货币资金的收付涉及企业生产经营的方方面面,因而其与各个交易循环均直接相关。本章"重点、难点讲解及典型例题"中图 6-1 列示了货币资金与各个交易循环中具有代表性的会计科目或财务报表项目的资金往来关系,图 6-2 更加直观地展示了货币资金作为各个交易循环的枢纽,起到了"资金池"的作用。

3. 货币资金审计涉及的主要凭证和会计记录有如下几个:

(1) 库存现金盘点表。
(2) 银行对账单。
(3) 银行存款余额调节表。
(4) 有关科目的记账凭证(现金收、付款凭证,银行存款收、付款凭证等)。
(5) 有关会计账簿(现金日记账、银行存款日记账等)。

4. 由于货币资金关乎企业生产经营活动的正常运行,且具有流动性强、业务量大、固有风险高等特点,企业必须加强对货币资金的管理,建立良好的货币资金内部控制。企业货币资金内部控制一般应实现以下目标:

(1) 确保货币资金安全。
(2) 确保全部应收取的货币资金均能收取,并及时、正确地予以记录。
(3) 确保全部货币资金支出是按照经批准的用途进行的,并及时、正确地予以记录。
(4) 确保库存现金、银行存款报告正确,并得以恰当保管。
(5) 确保生产经营各环节资金供求的动态平衡。企业应当将资金合理安排到采购、生产、销售等各环节,做到实物流和资金流的相互协调、资金收支在数量上及在时间上相互协调。
(6) 促进资金合理循环和周转,提高资金使用效率。资金只有在不断流动的过程中才能带来价值增值,因而要努力促使资金正常周转,为短期资金寻找的适当投资机会,避免出现资金闲置和沉淀等低效现象。

5. 一般而言,一个良好的货币资金内部控制应该达到以下几点:①货币资金收支与记账的岗位分离;②货币资金收支要有合理、合法的凭据;③全部收支及时、准确地入账,并且支出要有核准手续;④控制现金坐支,当日收入现金应及时送存银行;⑤按月盘点现金,编制银行存款余额调节表,以做到账实相符;⑥加强对货币资金收支业务的内部审计。

6. 财政部会计司在《企业内部控制应用指引第6号——资金活动》解读中指出,企业的资金营运活动大多与货币资金相关,资金营运内部控制的关键控制点主要包括如下几个:

(1) 审批控制点。把收支审批作为控制点,是为了控制资金的流入和流出,审批权限的合理划分是资金营运活动业务顺利开展的前提条件。审批控制点包括:制定资金的限制接近措施,经办人员进行业务活动时应该得到授权审批,任务未经授权的人员不得办理资金收支业务;使用资金的部门应提出用款申请,记载用途、金额、时间等事项;经办人员在原始凭证上签章;经办部门负责人、主管总经理和财务部门负责人审批并签章。

(2) 复核控制点。复核控制点是减少错误和舞弊的重要措施。复核根据企业内部层级的隶属关系,可以划分为纵向复核和横向复核这两种类型。前者是指上级主管对下级活动的复核;后者是指平级或无上下级关系人员的相互核对,如财务系统内部的核对。复核控制点包括:资金营运活动会计主管人员审查原始凭证反映的收支业务是否真实合法,经审核通过并签字盖章后才能填制记账凭证;凭证上的主管、审核、出纳和制单等印章是否齐全。

(3) 收付控制点。资金的收付导致资金流入和流出,反映着资金的来龙去脉。收付控制点包括:出纳人员按照审核后的原始凭证收付款,并对已完成收付的凭证加盖戳记,并登记日记账;会计主管人员及时、准确地记录在相关账簿中,定期与出纳人员的日记账核对。

(4) 记账控制点。资金的凭证和账簿是反映企业资金流入流出的信息源,如果记账环节出现管理漏洞,很容易导致整个会计信息处理结果失真。记账控制点包括:出纳人员根据资金收付凭证登记日记账,会计人员根据相关凭证登记有关明细分类账;会计主管人员登记总分类账。

(5) 对账控制点。对账是账簿记录系统的最后一个环节,也是报表生成的前一个环节,对保证会计信息的真实性起到重要作用。对账控制点包括:账证核对、账账核对、账表核对、账实核对等。

(6) 银行账户管理控制点。企业应当严格按照《支付结算办法》等国家有关规定,加强银行账户的管理,严格按规定开立账户,办理存款、取款和结算。银行账户管理的关键控制点包括:银行账户的开立、使用和撤销是否有授权;下属企业或单位是否有账外账。

(7) 票据与印章管理控制点。印章是明确责任、表明业务执行及完成情况的标记。印章的保管要贯彻不相容职务分离的原则,严禁将办理资金支付业务的相关印章和票据集中一人保管,印章要与空白票据分管,财务专用章要与企业法人章分管。

7. 盘点和监盘库存现金的步骤和方法主要有如下几个:

(1) 制订监盘计划,确定监盘时间。对库存现金的监盘最好实施突击性的检查,时间最好选择在上午上班前或下午下班时进行,监盘范围一般包括被审计单位各部门经管的现金。在进行现金盘点前,应由出纳人员将现金集中起来存入保险柜。必要时可加以封存,然后由出纳人员把已办妥现金收付手续的收付款凭证登入库存现金日记账。如被审计单位库存现金存放部门有两处或两处以上的,应同时进行盘点。

(2) 审阅库存现金日记账并同时与现金收付凭证相核对。一方面检查库存现金日记账的记录与凭证的内容和金额是否相符;另一方面了解凭证日期与库存现金日记账日期是否相符或接近。

(3) 由出纳人员根据库存现金日记账加计累计数额,结出现金结余额。

(4) 盘点保险柜的现金实存数,同时由注册会计师编制"库存现金监盘表",分币种、面值列示盘点金额。

(5) 财务报表日后进行盘点时,应调整至财务报表日的金额。

(6) 将盘点金额与库存现金日记账余额进行核对,如有差异,应查明原因,并作出记录或适当调整;如无法查明原因,应要求被审计单位按管理权限批准后作出调整。

(7) 若有冲抵库存现金的借条、未提现支票、未作报销的原始凭证,应在"库存现金盘点表"中注明或作出必要的调整。

8. 银行存款审计中控制测试的主要步骤如下:

(1) 了解银行存款的内部控制。注册会计师对银行存款内部控制的了解一般与了解现金的内部控制同时进行。注册会计师应当注意的内容包括:①银行存款的收支是否按规定的程序和权限办理;②银行账户是否存在与本单位经营无关的款项收支情况;③是否存在出租、出借银行账户的情况;④出纳人员与会计人员的职责是否严格分离;⑤是否定期取得银行对账单并编制银行存款余额调节表等。

(2) 抽取一定期间的银行存款日记账与总账核对。注册会计师应抽取一定期间的银行存款日记账,检查其有无计算错误,并与银行存款总分类账核对。

(3) 检查银行存款收款凭证。注册会计师应选取适当的样本量,作如下检查:①核对收款凭证与存入银行账户的日期和金额是否相符;②核对银行存款日记账的收入金额是否正确;③核对收款凭证与银行对账单是否相符;④核对收款凭证与应收账款明细账的有关记录是否相符;⑤核对实收金额与销货发票是否一致等。

(4) 检查银行存款付款凭证。为测试银行存款付款内部控制,注册会计师应选取适当的样本量,作如下检查:①检查付款的授权批准手续是否符合规定;②核对银行存款日记账的付出金额是否正确;③核对付款凭证与银行对账单是否相符;④核对付款凭证与应付账款明细账的记录是否一致;⑤核对实付金额与购货发票是否相符等。

(5) 抽取一定期间银行存款余额调节表,查验其是否按月正确编制并经复核。为证实银行存款记录的正确性,注册会计师必须抽取一定期间的银行存款余额调节表,将其同银行对账单、银行存款日记账和总账进行核对,确定被审计单位是否按月正确编制并复核银行存款余额调节表。

(6) 检查外币银行存款的折算方法是否符合有关规定,是否与上年度一致。对于有外币银行存款的被审计单位,注册会计师应检查外币银行存款日记账及"财务费用""在建工程"等账户的记录,确定有关外币银行存款的增减变动是否采用交易发生日的即期汇率将外币金额折算为记账本位币金额,或者采用按照系统合理的方法确定的、与交易发生日即期汇率近似的汇率折算为记账本位币,选择采用汇率的方法前后各期是否一致;检查企业的外币银行存款的余额是否采用期末即期汇率折算为记账本位币金额;折算差额的会计处理是否正确。

(7) 评价银行存款的内部控制。注册会计师在完成上述程序之后,即可对银行存款的内部控制进行评价。评价时,注册会计师应首先确定银行存款内部控制可信赖的程度以及存在的薄弱环节和缺点;其次据以确定在银行存款实质性程序中对哪些环节可以适当减少审计程序,哪些环节应增加审计程序并作重点检查,以减少审计风险。

## 二、选择题

| 1 | 2 | 3 | 4 | 5 | 6 |
| --- | --- | --- | --- | --- | --- |
| C | BC | D | BD | B | D |

## 三、案例讨论题

1. (1) 存在问题:①出纳员保管法人代表印鉴;②出纳员开具销售发票;③出纳员不

定期盘点现金;④出纳员3天去一次银行存取现金。改进建议:①法人代表印鉴由本人或其授权人员保管;②销售发票由收款以外的人开具;③应定期盘点现金,做到日清月结;④有现金收入应及时送存银行。

(2)存在问题:①由出纳员编制银行存款余额调节表;②调节银行存款后不编制调整分录。改进建议:①应由会计员调节银行存款;②对重要的银行已入账、企业未入账的事项应编制调整分录。

(3)存在问题:可以根据需要开取印章齐全的空白支票。改进建议:任何情况均不得开空白支票。

(4)存在问题:①预支差旅费不入账;②差旅费报销后销毁借条。改进建议:①预支差旅费应计入其他应收款;②借条应留存,另开收据给报销人。

2.略。

# 思考与练习

## 一、单项选择题

1. 下列程序中,属于控制测试程序的是(　　)。
   A. 取得银行存款余额调节表并检查未达账项的真实性
   B. 检查银行存款收支的正确截止
   C. 检查是否定期取得银行对账单并编制银行存款余额调节表
   D. 函证银行存款余额

2. W公司某银行账户的银行存款对账单余额与银行存款日记账余额不符,A注册会计师应当执行的最有效的审计程序是(　　)。
   A. 重新测试相关的内部控制
   B. 审查银行对账单中记录的该账户财务报表日前后的收付情况
   C. 审查银行存款日记账中记录的该账户财务报表日前后的收付情况
   D. 审查该账户的银行存款余额调节表

3. 针对W公司与现金相关的内部控制,下列关于A注册会计师应提出的改进建议中,正确的是(　　)。
   A. 每日及时记录现金收入并定期向顾客寄送对账单
   B. 担任登记现金日记账及总账职责的人员与担任现金出纳职责的人员分开
   C. 现金折扣需经过适当审批
   D. 每日盘点现金并与账面余额核对

4. 如果A注册会计师要证实丁公司在临近2023年12月31日签发的支票是否已登记入账,最有效的审计程序是(　　)。
   A. 函证2023年12月31日的银行存款余额
   B. 检查2023年12月31日的银行对账单

C. 检查2023年12月31日的银行存款余额调节表

D. 检查2023年12月的支票存根和银行存款日记账

5. A注册会计师负责审计甲公司2023年财务报表。下列关于甲公司货币资金内部控制的情形中，没有违背"不相容职务分离控制原则"要求的是（　　）。

　　A. 甲公司出纳员承担现金收付、银行结算及货币资金的日记账核算工作，但同时兼任了会计档案保管工作

　　B. 甲公司出纳员保管签发支票所需的全部印章

　　C. 甲公司出纳员兼任了收入明细账和总账的登记工作

　　D. 甲公司出纳员兼任固定资产卡片的登记工作

6. A注册会计师负责审计甲公司2023年财务报表。在对库存现金实施监盘程序时需要提请相关人员参加监盘工作。注册会计师应当提请甲公司参加库存现金监盘的人员是（　　）。

　　A. 财务总监和内部审计人员　　B. 出纳员和会计主管人员

　　C. 出纳员和应收账款记账员　　D. 出纳员和公司董事长

7. 下列关于注册会计师实施的各项审计程序中，能够证明银行存款是否存在的是（　　）。

　　A. 计算定期存款占银行存款的比例

　　B. 检查银行存款余额调节表

　　C. 函证银行存款余额

　　D. 检查银行存款收支的正确截止

8. 下列各项中，不符合现金盘点要求的是（　　）。

　　A. 参与盘点的人中必须有出纳员、被审计单位的会计主管人员和注册会计师

　　B. 盘点之前应将已办理现金收付款手续的收付凭证记入现金日记账

　　C. 不同存放地点的现金应同时进行盘点

　　D. 盘点时间必须安排在当日现金收付业务进行中采取突击盘点

9. 下列说法中，不正确的是（　　）。

　　A. 企业库存现金应当实行限额管理

　　B. 企业应当明确库存现金的开支范围

　　C. 企业可以坐支库存现金

　　D. 企业不能设小金库

10. 如果被审计单位某银行账户的银行对账单余额与银行存款日记账余额不符，最有效的审计程序是（　　）。

　　A. 检查该银行账户的银行存款余额调节表

　　B. 重新测试相关的内部控制

　　C. 检查银行存款日记账中记录的资产负债表日前后的收付情况

　　D. 检查银行对账单中记录的资产负债表日前后的收付情况

## 二、多项选择题

1. M注册会计师拟对A公司的货币资金实施实质性程序。以下审计程序中,属于实质性程序的有( )。
   A. 检查银行预留印鉴的保管情况
   B. 检查银行存款余额调节表中未达账项在财务报表日后的进账情况
   C. 检查现金交易中是否存在应通过银行办理转账支付的项目
   D. 检查外币银行存款年末余额是否按年末汇率折合为记账本位币金额

2. W注册会计师负责对A公司2023年度财务报表进行审计。A公司编制的2023年12月末银行存款余额调节表显示存在120 000元的未达账项,其中包括A公司已付而银行未付的材料采购款100 000元。以下审计程序中,可能为该材料采购款未达账项的真实性提供审计证据的有( )。
   A. 检查2024年1月的银行对账单
   B. 检查相关的采购合同、供应商销售发票和付款审批手续
   C. 就2023年12月末银行存款余额向银行寄发银行询证函
   D. 向相关的原材料供应商寄发询证函

3. 注册会计师拟对A公司银行存款余额实施函证程序。以下做法中,正确的有( )。
   A. 以A公司的名义寄发银行询证函
   B. 除余额为零的银行存款账户以外,必须对A公司所有银行存款账户实施函证程序
   C. 由A公司代为填写银行询证函后,交由注册会计师直接发出并回收
   D. 如果银行询证函回函结果表明没有差异,则可以认定银行存款余额是正确的

4. 注册会计师在对A公司执行银行存款余额函证的助理人员的工作进行检查时,发现助理人员执行银行存款余额函证程序时提出以下观点,其中正确的有( )。
   A. 以A公司的名义寄发银行询证函
   B. 由A公司代为填写银行询证函后,交由注册会计师发出并回收
   C. 如果银行询证函回函结果表明没有差异,则可以认定银行存款余额是正确的
   D. 除余额为零的银行存款账户以外,必须对A公司所有银行存款账户实施函证程序

5. 下列说法中,不恰当的有( )。
   A. 注册会计师在对银行存款审查时,如果取得的银行存款余额调节表中左右两边金额相等,则可以直接确定银行存款的余额的正确性
   B. 出纳员不能够同时负责登记银行存款日记账和编制银行存款余额调节表
   C. 函证银行存款余额是证实资产负债表所列银行存款是否存在的重要程序。通过向往来银行函证,注册会计师不仅可了解企业资产的存在,还可了解企业账面反映所欠银行债务的情况,并有助于发现企业未入账的银行借款和未披露的或有负债
   D. 监盘库存现金是证实资产负债表中所列现金是否存在的一项重要程序,盘点范围包括未存入银行的已收现金、零用金、找换金及各部门人员领用的备用金的盘点

6. 注册会计师W负责对乙公司2023年度财务报表中银行存款项目进行审计。乙公司编制的2023年12月末银行存款余额调节表显示存在80 000元的未达账项,其中包括乙公司已付而银行未付的材料采购款40 000元。下列关于注册会计师W执行的审计程序中,可能为该材料采购款未达账项的真实性提供审计证据的有(　　)。

   A. 就2023年12月末银行存款余额向银行寄发银行询证函

   B. 向相关的原材料供应商寄发询证函询证该笔购货业务

   C. 检查2024年1月的银行对账单中是否存在该笔支出

   D. 检查相关的采购合同、供应商销售发票和相应的验收报告及付款审批手续

7. 监盘库存现金是证实资产负债表中所列库存现金是否存在的一项重要程序,它还可以实现的审计目标有(　　)。

   A. 计价和分摊　　　　　　　　B. 完整性

   C. 在财务报表中恰当披露　　　D. 权利和义务

8. 注册会计师在审计A公司2023年度财务报表时,监盘了A公司的库存现金,并负责监盘了存货。这两种程序的不同之处包括(　　)。

   A. 盘点的参与人员不同

   B. 监盘时间安排不同

   C. 因盘点对象特点而执行的监盘方式不同

   D. 监盘计划中与被审计单位管理层的沟通程度不同

9. 下列说法中,不正确的有(　　)。

   A. 制定库存现金监盘程序时应实施突击性检查,时间必须安排在上午上班前或下午下班时进行,在进行现金盘点前,应由出纳员将现金集中起来存入保险柜

   B. 对于货币资金业务的授权审批制度,企业应当设置专门的审批人员,并为其授予审批权限;对于超过该审批人员授权范围的重要货币资金支付业务,应当由财务部经理或者总经理亲自审核批准

   C. 盘点库存现金的时间和人员应视被审计单位的具体情况而定,但必须有出纳员和被审计单位会计主管人员参加,并由注册会计师亲自盘点和监盘

   D. 注册会计师在分配财务报表项目重要性水平时考虑到由于货币资金是企业流动性最强的资产,企业必须加强对货币资金的管理,并建立良好的货币资金内部控制以防止错报、漏报和舞弊行为的发生,所以应从严制定货币资金的重要性水平

10. A注册会计师负责审计甲公司2023年度财务报表。注册会计师函证银行存款的主要目的包括(　　)。

    A. 银行存款是否存在

    B. 银行借款的金额是否正确

    C. 是否存在企业未入账的银行借款

    D. 是否存在或有负债

## 三、判断题

1. 出纳员可以同时兼任稽核、会计档案的保管，以及收入、支出、费用、债权债务等账目的登记工作。（  ）

2. 对于重要货币资金的支付，应当实行集体决策和审批，并建立责任追究制度，防范贪污、侵占、挪用货币资金等行为。（  ）

3. 企业应当加强银行预留印鉴的管理，财务专用章应由专人保管，个人名章可以由本人或其授权人员之外的人员保管。（  ）

4. 企业应当指定专人定期核对银行账户，每月至少核对一次，并根据银行账户定期核对资料，编制每一银行账户的银行存款余额调节表。这一工作不能由出纳员兼任。（  ）

5. 进行库存现金监盘时，出纳员和会计主管人员可以不参加。（  ）

6. 如果注册会计师不是在财务报表日对库存现金进行监盘，则应将监盘日的金额追溯调整至财务报表日的金额。（  ）

7. 取得并检查银行存款对账单和银行存款余额调节表的目的是证实资产负债表中所列银行存款是否存在。（  ）

8. 银行存款余额调节表是在银行对账单余额与企业账目余额的基础上，各自加上对方已收、本单位未收账项数额，减去对方已付、本单位未付账项数额，以调整双方余额使其一致的一种调节方法。（  ）

9. 注册会计师对银行存款函证的目的是获取证据证实资产负债表中所列银行存款是否存在，了解企业欠银行的债务和企业未入账的银行借款以及未披露的或有负债。（  ）

10. 银行存款函证是指注册会计师在执行审计业务过程中，以被审计单位名义向银行等有关单位发函询证，以验证被审计单位的银行存款是否真实、合法、完整。（  ）

## 四、案例讨论题

ABC 会计师事务所的注册会计师 A 和 B 接受委托，审计甲公司 2023 年度的财务报表。注册会计师 A 和 B 根据以往经验，决定信赖客户的内部控制，为此决定对相关内部控制进行了解和控制测试。通过了解，注册会计师 A 和 B 发现以下情况：

（1）关于银行存款的内部控制：会计主管负责支票的签署，外出时其职责由会计副主管代为履行；会计副主管负责银行预留印鉴的保管和财务专用章的管理，外出时其职责由会计主管代为履行；财务人员乙负责空白支票的管理，仅在出差期间交由会计主管管理。负责签署支票的会计主管的个人名章由其本人亲自掌管，仅在出差期间交由会计副主管临时代管。

（2）关于货币资金支付的规定：部门或个人用款时，应提前向审批人提交申请，注明款项的用途、金额、支付方式、经济合同，或相关证明；对于金额在 10 000 元以下的用款申请，必须经过会计副主管的审批，金额在 10 000 元以上的用款申请，应经过会计主管的审批；出纳人员根据已经批准的支付申请，按规定办理货币资金支付手续，及时登记现金和银行存款日记账;货币资金支付后,应由专职的复核人员进行复核,复核货币资金的批准范围、权限、程序、手续、金额、支付方式、时间等,发现问题后及时纠正。

要求:指出甲公司内部控制中存在的问题并提出改进建议。

# 第七章 对舞弊和法律法规的考虑

 重点、难点讲解及典型例题

本章主要介绍了对财务报表审计中与舞弊相关的责任和财务报表审计中对法律法规的考虑。

1. 被审计单位治理层和管理层对防止或发现舞弊负有主要责任。

2. 注册会计师对发现舞弊方面的责任可以从正反两个方面界定:

(1) 一方面,在按照审计准则的规定执行审计工作时,注册会计师有责任对财务报表整体是否不存在由舞弊或错误导致的重大错报获取合理保证。

(2) 另一方面,由于审计的固有限制,即使注册会计师按照审计准则的规定恰当计划和执行了审计工作,也不可避免地存在财务报表中的某些重大错报未被发现的风险。注册会计师不能对财务报表整体不存在重大错报获取绝对保证。

3. 由管理层舞弊导致的重大错报未被发现的风险,通常大于员工舞弊导致的重大错报未被发现的风险。其原因是管理层往往可以利用职务之便,直接或间接操纵会计记录,提供虚假的财务信息,或凌驾于为防止其他员工实施类似舞弊而建立的控制之上。

因此,如果在完成审计工作后发现舞弊导致的财务报表重大错报,特别是串通舞弊或伪造文件记录导致的重大错报,并不必然表明注册会计师没有遵守审计准则。注册会计师是否按照审计准则的规定实施了审计工作,取决于其是否根据具体情况实施了审计程序,是否获取了充分、适当的审计证据,以及是否根据证据评价结果出具了恰当的审计报告。

4. 存在舞弊风险因素并不必然表明发生了舞弊,但在舞弊发生时通常存在舞弊风险因素,舞弊风险因素可能表明存在由舞弊导致的重大错报风险。根据舞弊存在时通常伴随着的三种情况,这些风险因素可以分为以下三类:

(1) 实施舞弊的动机或压力。
(2) 实施舞弊的机会。
(3) 为舞弊行为寻找借口的能力。

5. 注册会计师应当考虑通过下列方式,应对舞弊导致的认定层次重大错报风险:

(1) 改变拟实施审计程序的性质,以获取更为可靠、相关的审计证据,或获取其他佐证性信息,包括更加重视实地观察或检查、在实施函证程序时改变常规函证内容、询问被审计单位的非财务人员等。

(2) 改变实质性程序的时间,包括在期末或接近期末实施实质性程序,或针对本期较早时间发生的交易事项或贯穿于本会计期间的交易事项实施测试。

(3) 改变审计程序的范围,包括扩大样本规模、采用更详细的数据实施分析程序等。

【例题 7-1·单项选择题】 下列方式中,不能帮助注册会计师应对舞弊导致的认定层次的重大错报风险的是( )。

A. 复核会计估计是否有失公允,从而识别可能产生舞弊导致的重大错报

B. 改变实施实质性程序的时间,包括在期末或者是接近期末实施实质性程序,或针对本期较早期间发生的交易事项或贯穿于整个本期的交易事项实施测试

C. 改变审计程序的范围,包括扩大样本,以采用更详细的数据实施分析性程序

D. 审计程序的性质,以获取更为可靠的、相关的审计证据,或获取其他佐证性信息,包括更加重视实地观察或检查、在实施函证时改变常规函证内容、询问被审计单位的非财务人员

【答案】 A

【解析】 B、C、D 选项都属于应对舞弊导致的认定层次重大错报风险的审计程序。

6. 违反法律法规行为是指被审计单位有意或无意地违反会计准则和相关会计制度之外的法律法规的行为。违反法规行为具体涉及下列三个方面:①被审计单位从事的违反法规行为;②以被审计单位名义从事的违反法规行为,如控股股东以被审计单位名义从事的违反法规行为;③管理层或员工以被审计单位名义从事的违反法规行为,但不包括管理层和员工个人从事的、与被审计单位经营活动无关的不当行为。

7. 概括起来,被审计单位需要遵守以下两类不同的法律法规:

(1) 通常对决定财务报表中的重大金额和披露有直接影响的法律法规(如税收和企业年金方面的法律法规)。

(2) 对决定财务报表中的金额和披露没有直接影响的其他法律法规,但遵守这些法律法规(如遵守经营许可条件、监管机构对偿债能力的规定或环境保护要求)对被审计单位的经营活动、持续经营能力或避免大额罚款至关重要;违反这些法律法规,可能会对财务报表产生重大影响。

8. 针对前述被审计单位需要遵守的两类不同的法律法规,注册会计师应当承担不同的责任:

(1) 针对被审计单位需要遵守的第一类法律法规,注册会计师的责任是就被审计单位遵守这些法律法规的规定获取充分、适当的审计证据。

(2) 针对被审计单位需要遵守的第二类法律法规,注册会计师的责任仅限于实施特定的审计程序,从而有助于识别可能对财务报表产生重大影响的违反这些法律法规的行为。

9. 识别出违反法律法规行为相关的信息时,注册会计师应当做到以下几点:

(1) 了解违反法律法规行为的性质有其发生的环境。

(2) 获取进一步的信息,以评价对财务报表可能产生的影响,包括:①违反法律法规

行为对财务报表产生的潜在财务后果,如受到罚款、处分、赔偿、封存财产、强制停业和诉讼等;②潜在财务后果是否需要列报;③潜在财务后果是否严重,以至对财务报表的公允反映产生怀疑或导致财务报表产生误导。

10. 怀疑被审计单位存在违反法律法规行为时,注册会计师应当做到以下几点:

(1) 如果治理层能够提供额外的审计证据,注册会计师可以与治理层讨论其发现。例如,对与可能导致违反法律法规的交易或事项相关的事实和情况,注册会计师可以证实治理层是否对此具有相同的理解。

(2) 如果管理层或治理层(如适用)不能向注册会计师提供充分的信息,证明被审计单位遵守了法律法规,注册会计师可以考虑向被审计单位内部或外部的法律顾问咨询有关法律法规在具体情况下的运用,包括舞弊的可能性以及对财务报表的影响。如果认为向被审计单位法律顾问咨询是适当的或不满意其提供的意见,注册会计师可以考虑向所在会计师事务所的法律顾问咨询,以确定被审计单位是否存在违反法律法规行为、可能导致的法律后果(包括舞弊的可能性),以及可能采取的进一步行动。

【例题7-2·多项选择题】 下列关于对法律法规考虑的说法中,正确的有(    )。

A. 注册会计师执行财务报表审计业务的目标和责任在于对财务报表发表审计意见

B. 违反法规行为是被审计单位有意或无意地违反会计准则和相关会计制度的法律法规的行为

C. 违反法规行为与通常反映在财务报表中的交易和事项相关度越小,注册会计师越不可能注意到或识别出可能存在的违反法规行为

D. 保证经营活动符合法律法规的规定,防止和发现违反法规行为是被审计单位管理层的责任

【答案】 ACD

【解析】 B选项违反法规行为是被审计单位有意或无意地违反除适用的财务报告编制基础外的现行法律法规的行为。

# 教材课后习题答案

## 一、思考题

1. 舞弊是一个宽泛的法律概念,但在财务报表审计中,注册会计师关注的是导致财务报表发生重大错报的舞弊。与财务报表审计相关的故意错报,包括编制虚假财务报告导致的错报和侵占资产导致的错报。

(1) 编制虚假财务报告导致的错报。编制虚假财务报告涉及为欺骗财务报表使用者而作出的故意错报(包括对财务报表金额或披露的遗漏)。这可能是由管理层通过操纵利润来影响财务报表使用者对被审计单位业绩和盈利能力的看法造成的。此类利润操纵可能从一些小的行为,或对假设的不恰当调整和对管理层判断的不恰当改变开始。压力和

动机可能使这些行为上升到编制虚假财务报告的程度。由于承受迎合市场预期的压力或追求以业绩为基础的个人报酬最大化,管理层可能故意通过编制存在重大错报的财务报表而导致虚假财务报告。在某些被审计单位,管理层可能有动机大幅降低利润以降低税负,或虚增利润以向银行融资。

管理层可能通过以下方式编制虚假财务报告:①对编制财务报表所依据的会计记录或支持性文件进行操纵、弄虚作假(包括伪造)篡改;②在财务报表中错误表达或故意漏记事项、交易或其他重要信息;③故意地错误使用与金额、分类、列报或披露相关的会计准则。

编制虚假财务报告通常涉及管理层凌驾于控制之上,而这些控制却看似有效运行。管理层通过凌驾于控制之上实施舞弊的手段主要包括:①编制虚假会计分录,特别是在临近会计期末时,从而操纵经营成果或实现其他目的;②不恰当地调整对账户余额作出估计时使用的假设和判断;③在财务报表中漏记、提前或推迟确认报告期内发生的事项和交易;④隐瞒或不予披露可能影响财务报表金额的事实;⑤构造复杂交易,以歪曲财务状况或经营成果;⑥篡改与重大和异常交易相关的记录和条款。

(2)侵占资产导致的错报。侵占资产包括盗窃被审计单位资产,通常的做法是员工盗窃金额相对较小且不重要的资产。侵占资产也可能涉及管理层,他们通常更能够通过难以发现的手段掩饰或隐瞒侵占资产的行为。侵占资产可以通过以下方式实现:①贪污收到的款项。例如,侵占收到的应收账款或将与已注销账户相关的收款转移至个人银行账户。②盗窃实物资产或无形资产。例如,盗窃存货以自用或出售、盗窃废料以再销售、通过向被审计单位竞争者泄露技术资料与其串通以获取回报。③使被审计单位对未收到的商品或未接受的劳务付款。例如,向虚构的供应商支付款项、供应商向采购人员提供回扣以作为其提高采购价格的回报、向虚构的员工支付工资。④将被审计单位资产挪为私用。例如,将被审计单位资产作为个人或关联方贷款的抵押。

2. 注册会计师对发现舞弊方面的责任可以从正反两个方面界定:

(1)一方面,在按照审计准则的规定执行审计工作时,注册会计师有责任对财务报表整体是否不存在由舞弊或错误导致的重大错报获取合理保证。

编制虚假财务报告直接导致财务报表产生错报,侵占资产通常伴随着虚假或误导性的文件记录。因此,对能够导致财务报告产生重大错报的舞弊,注册会计师应当合理保证能够予以发现,这是实现财务报表审计目标的内在要求,也是财务报表审计的价值所在。审计准则还规定,在获取合理保证时,注册会计师有责任在整个审计过程中保持职业怀疑,考虑管理层凌驾于控制之上的可能性,并认识到对发现错误有效的审计程序未必对发现舞弊有效。

(2)另一方面,由于审计的固有限制,即使注册会计师按照审计准则的规定恰当计划和执行了审计工作,也不可避免地存在财务报表中的某些重大错报未被发现的风险。注册会计师不能对财务报表整体不存在重大错报获取绝对保证。

在由舞弊导致错报的情况下,固有限制的潜在影响尤其重大。由舞弊导致的重大错报未被发现的风险,大于错误导致的重大错报未被发现的风险。其原因是舞弊可能涉及精心策划和蓄意实施以进行隐瞒(如伪造证明或故意漏记交易),或者有意向注册会计师提供虚假陈述。如果涉及串通舞弊,注册会计师可能更加难以发现蓄意隐瞒的企图。串通舞弊可能导致原本虚假的审计证据被注册会计师误认为具有说服力。

由管理层舞弊导致的重大错报未被发现的风险,通常大于员工舞弊导致的重大错报未被发现的风险。其原因是管理层往往可以利用职务之便,直接或间接操纵会计记录,提供虚假的财务信息,或凌驾于为防止其他员工实施类似舞弊而建立的控制之上。

因此,如果在完成审计工作后发现舞弊导致的财务报表重大错报,特别是串通舞弊或伪造文件记录导致的重大错报,并不必然表明注册会计师没有遵守审计准则。注册会计师是否按照审计准则的规定实施了审计工作,取决于其是否根据具体情况实施了审计程序,是否获取了充分、适当的审计证据,以及是否根据证据评价结果出具了恰当的审计报告。

3. 注册会计师在财务报表审计中考虑舞弊时,同样需要采用风险导向审计的总体思路,即首先识别和评估舞弊风险,其次采取恰当的措施有针对性地予以应对。注册会计师通常采用下列程序来识别和评估舞弊风险。

首先,询问。

(1) 询问对象。询问程序对于注册会计师获取信息、评估舞弊风险十分有用。注册会计师应当询问治理层、管理层、内部审计人员,以确定其是否知悉任何舞弊事实、舞弊嫌疑或舞弊指控。注册会计师通过询问管理层可以获取由有关员工舞弊导致的财务报表重大错报风险的有用信息。然而,这种询问难以获取由有关管理层舞弊导致的财务报表重大风险的有用信息。因此,注册会计师还应当询问被审计单位内部的其他相关人员,为这些人员提供机会,使他们能够向注册会计师传递一些信息,而这些信息是他们本身没有机会与其他人进行沟通的。注册会计师应当考虑向被审计单位内部的下列人员询问:①不直接参与财务报告过程的业务人员;②拥有不同级别权限的人员;③参与生成、处理或记录复杂或异常交易的人员及对其进行监督的人员;④内部法律顾问;⑤负责道德事务的主管人员或承担类似职责的人员;⑥负责处理舞弊指控的人员。

(2) 询问内容。注册会计师应当根据不同的询问对象,运用职业判断,确定询问内容。

在了解被审计单位及其环境时,注册会计师应当向管理层询问下列事项:①管理层对财务报表可能存在由舞弊导致的重大错报风险的评估,包括评估的性质、范围和频率等;②管理层对舞弊风险的识别和应对过程,包括管理层识别出的或注意到的特定舞弊风险,或可能存在舞弊风险的各类交易、账户余额或披露;③管理层就其对舞弊风险的识别和应对过程向治理层的通报;④管理层就其经营理念和道德观念向员工的通报。

除非治理层全部成员参与管理被审计单位,注册会计师应当了解治理层如何监督管理层对舞弊风险的识别和应对过程,以及为降低舞弊风险而建立的内部控制;应当询问治理层,以确定其是否知悉任何影响被审计单位的舞弊事实、舞弊嫌疑或舞弊指控。治理层对这些询问的答复,还可在一定程度上作为管理层答复的佐证的信息。注册会计师可通过参加相关会议、阅读会议纪要或询问治理层等审计程序了解有关情况。

如果被审计单位设有内部审计,注册会计师应当询问内部审计人员,以确定其是否知悉任何影响被审计单位的舞弊事实、舞弊嫌疑或舞弊指控,并获取这些人员对舞弊风险的看法。

其次,实施分析程序。

注册会计师实施分析程序有助于识别异常的交易或事项,以及对财务报表和审计产生影响的金额、比率和趋势。在实施分析程序以了解被审计单位及其环境时,注册会计师应当评价在实施分析程序时识别出的异常或偏离预期的关系(包括与收入账户有关的关系),是否表明存在由舞弊导致的重大错报风险。

再次,考虑其他信息。

注册会计师应当考虑获取的其他信息是否表明存在由舞弊导致的重大错报风险。其他信息可能来源于项目组内部的讨论、客户承接或续约过程以及向被审计单位提供其他服务所获得的经验。

最后,组织项目组讨论。

项目组就由舞弊导致财务报表发生重大错报的可能性进行的讨论可以达到以下目的:

(1) 具有较多经验的项目组成员有机会与其他成员分享关于财务报表易于发生由舞弊导致的重大错报的方式和领域的见解。

(2) 针对财务报表易于发生由舞弊导致的重大错报的方式和领域考虑适当的应对措施,并确定分派哪些项目组成员实施特定的审计程序。

(3) 确定如何在项目组成员中共享实施审计程序的结果,以及如何处理可能引起注册会计师注意的舞弊指控。

项目组内部讨论的内容可能包括:

(1) 项目组成员认为财务报表易于发生由舞弊导致的重大错报的方式和领域、管理层可能编制和隐瞒虚假财务报告的方式以及侵占资产的方式等。

(2) 可能表明管理层操纵利润的迹象,以及管理层可能采取的导致虚假财务报告的利润操纵手段。

(3) 已知悉的对被审计单位产生影响的外部和内部因素,这些因素可能产生动机或压力使管理层或其他人员实施舞弊、可能提供实施舞弊的机会、可能表明存在为舞弊行为寻找借口的文化或环境。

(4) 对接触现金或其他易被侵占资产的员工,管理层对其实施监督的情况。

(5) 注意到的管理层或员工在行为或生活方式方法上出现的异常或无法解释的变化。

(6) 强调在整个审计过程中对由舞弊导致重大错报的可能性保持适当关注的重要性。

(7) 遇到的哪些情形可能表明存在舞弊。

(8) 如何在拟实施审计程序的性质、时间安排和范围中增加不可预见性。

(9) 为应对由舞弊导致财务报表发生重大错报的可能性选择实施的审计程序,以及特定类型的审计程序是否比其他审计程序更为有效。

(10) 注册会计师注意到的舞弊指控。

(11) 管理层凌驾于控制之上的风险。

4. 注册会计师应当考虑通过下列方式,应对由舞弊导致的认定层次重大错报风险:

(1) 改变拟实施审计程序的性质,以获取更为可靠、相关的审计证据,或获取其他佐证性信息,包括更加重视实地观察或检查、在实施函证程序时改变常规函证内容、询问被审计单位的非财务人员等。

(2) 改变实质性程序的时间,包括在期末或接近期末实施实质性程序,或针对本期较早时间发生的交易事项或贯穿于本会计期间的交易事项实施测试。

(3) 改变审计程序的范围,包括扩大样本规模、采用更详细的数据实施分析程序等。

5. 管理层凌驾于控制之上的风险属于特别风险。无论对管理层凌驾于控制之上的风险评估结果如何,注册会计师都应当设计和实施审计程序,用来:

(1) 测试日常会计核算过程中编制的会计分录以及编制财务报表过程中作出的其他调整是否适当。在设计和实施审计程序,以测试日常会计核算过程中编制的会计分录以及编制财务报表过程中作出的其他调整是否适当时,注册会计师应当:①向参与财务报告过程的人员询问与处理会计分录和其他调整相关的不恰当或异常的活动;②选择在报告期末编制的会计分录和其他调整;③考虑是否有必要测试整个会计期间的会计分录和其他调整。

(2) 复核会计估计是否存在偏向,并评价产生这种偏向的环境是否表明存在由舞弊导致的重大错报风险。在复核会计估计是否存在偏向时,注册会计师应当:①评价管理层在作出会计估计时所作出的判断和决策是否反映出管理层的某种偏向(即使判断和决策单独看起来是合理的),从而可能表明存在由舞弊导致的重大错报风险。如果存在偏向,注册会计师应当从整体上重新评价会计估计。②追溯复核与以前年度财务报表反映的重大会计估计相关的管理层判断和假设。

(3) 对于超出被审计单位正常经营过程的重大交易,或基于对被审计单位及其环境的了解,以及在审计过程中获取的其他信息而显得异常的重大交易,评价其商业理由(或缺乏商业理由)是否表明被审计单位从事交易的目的是对财务信息作出虚假报告或掩盖侵占资产的行为。

以下迹象可能表明被审计单位从事超出其正常经营过程的重大交易或虽然未超出其正常经营过程,但显得异常的重大交易;从事这些交易的目的可能是对财务信息作出的虚假报告或掩盖侵占资产的行为:①交易的形式显得过于复杂(例如,交易涉及集团内部多个实体,或涉及多个非关联的第三方);②管理层未与治理层就此类交易的性质和会计处理进行过讨论,且缺乏充分的记录;③管理层更强调采用某种特定的会计处理的需要,而不是交易的经济实质;④对于涉及不纳入合并范围的关联方(包括特殊目的实体)的交易,治理层未进行适当的审核与批准;⑤交易涉及以往未识别出的关联方,或涉及在没有被审计单位帮助的情况下不具备物质基础或财务能力完成交易的第三方。

6. 首先,识别出违反法律法规行为相关的信息时,注册会计师应当做到以下几点:

(1) 了解违反法律法规行为的性质及其发生的环境。

(2) 获取进一步的信息,以评价对财务报表可能产生的影响,包括:①违反法律法规行为对财务报表产生的潜在财务后果,如受到罚款、处分、赔偿、封存财产、强制停业和诉讼等;②潜在财务后果是否需要列报;③潜在财务后果是否严重,以至对财务报表的公允反映产生怀疑或导致财务报表产生误导性信息。

其次,怀疑被审计单位存在违反法律法规行为时,注册会计师应当做到以下几点:

(1) 如果治理层能够提供额外的审计证据,注册会计师可以与治理层讨论其发现。例如,对于可能导致违反法律法规的交易或事项相关的事实和情况,注册会计师可以证实治理层是否对此具有相同的理解。

(2) 如果管理层或治理层(如适用)不能向注册会计师提供充分的信息,证明被审计单位遵守了法律法规,注册会计师可以考虑向被审计单位内部或外部的法律顾问咨询有关法律法规在具体情况下的运用,包括舞弊的可能性以及对财务报表的影响。如果认为向被审计单位法律顾问咨询是适当的或不满意其提供的意见,注册会计师可以考虑向所在会计师事务所的法律顾问咨询,以确定被审计单位是否存在违反法律法规行为、可能导致的法律后果(包括舞弊的可能性),以及可能采取的进一步行动。

## 二、选择题

| 1 | 2 | 3 | 4 | 5 |
|---|---|---|---|---|
| BCD | ABCD | ACD | B | A |

## 三、案例分析题

| 与编制虚假财务报告导致的错报相关 | | | 与侵占资产导致的错报相关 | | |
|---|---|---|---|---|---|
| 动机或压力 | 机会 | 态度或借口 | 动机或压力 | 机会 | 态度或借口 |
| (1)(7) | (4)(6) | (5)(12) | (2)(8) | (10)(11) | (3)(9) |

# 思考与练习

## 一、单项选择题

1. 下列各项中,不属于舞弊风险因素的是( )。
   A. 动机或压力　　　　　　　　B. 机会
   C. 舞弊者交代舞弊过程　　　　D. 借口

2. 针对财务报表层次舞弊风险的总体应对措施,下列各项中,注册会计师认为不恰当的是( )。
   A. 分派特定的知识和技能的人员并对其督导
   B. 考虑被审计单位采用的会计政策
   C. 实施风险评估程序
   D. 设计不为被审计单位预见或事先了解的审计程序

3. 下列关于注册会计师和被审计单位对违反法规行为责任的说法中,不正确的是( )。
   A. 注册会计师不应当、也不能对防止被审计单位违反法规行为负责
   B. 防止和发现被审计单位的违反法规行为是管理层的责任,注册会计师没有责任关注被审计单位违反法规行为
   C. 财务报表定期审计制度会对被审计单位的违反法规行为起到一定的威慑作用
   D. 遏制违反法规行为依赖于管理层制定和实施有效的控制政策和程序

4. 下列关于注册会计师对其注意到的违反法规行为沟通事项的表述中,不恰当的是( )。
   A. 如果认为违反法规行为是故意和重大的,注册会计师应当就发现的情况立即与管理层沟通
   B. 如果认为违反法规行为是故意和重大的,注册会计师应当就发现的情况立即与治理层沟通
   C. 如果怀疑违反法规行为涉及高级管理人员,注册会计师应当向被审计单位内部的审计委员会或监事会等更高层次的机构报告
   D. 如果注册会计师难以确定向谁报告违反法规行为时应当考虑征询法律意见

5. 如果认为违反法规行为对财务报表有重大影响,且未能在财务报表中得到恰当反映,下列关于注册会计师应当出具的审计报告中,恰当的是( )。
   A. 保留意见                  B. 保留意见或否定意见
   C. 无法表示意见              D. 否定意见

6. 对及时发现并纠正被审计单位错误与舞弊负有主要责任的人员,应是( )。
   A. 注册会计师                B. 政府审计人员
   C. 国家税务稽查人员          D. 被审计单位管理层

7. 针对财务报表审计中对舞弊的考虑,下列说法中,不正确的是( )。
   A. 小型被审计单位拥有的员工通常较少,限制了其职责分离的程度,被审计单位管理层凌驾于内部控制之上的可能性较大,因而注册会计师无须了解小型被审计单位的内部控制
   B. 注册会计师应当假定被审计单位在收入确认方面存在舞弊风险,并应当考虑哪些收入类别以及与收入有关的交易或认定可能导致舞弊风险
   C. 了解被审计单位对业绩衡量和评价的最重要的目的是考虑是否存在舞弊风险
   D. 当识别和评估舞弊导致的重大错报风险时,注册会计师应当假定被审计单位在收

入确认方面存在舞弊风险

8. 在应对舞弊导致的重大错报风险时,注册会计师常常需要与被审计单位的相关人员沟通。以下有关此类沟通的说法中,正确的是(　　)。
   A. 如果认为被审计单位的风险评估过程存在重大缺陷,注册会计师应当就此类内部控制缺陷与管理层沟通
   B. 如果注册会计师注意到的可能表明管理层对财务信息作出虚假报告的行为,应当尽早告知适当层次的管理层
   C. 通常情况下,拟沟通的管理层应当比涉嫌舞弊人员至少高出一个级别
   D. 如果发现在内部控制中承担重要职责的员工以及其舞弊行为可能对财务报表产生重大影响的其他人员,注册会计师应当尽早将此类事项与管理层沟通

9. 下列与对财务信息作出虚假报告相关的舞弊风险因素中,不属于舞弊的"机会"因素的是(　　)。
   A. 管理层为满足外部预期或要求而承受过度的压力
   B. 内部控制存在缺陷
   C. 被审计单位所从事业务或所处行业的性质提供了对财务信息作出虚假报告的机会
   D. 对管理层的监督失败

10. 下列关于注册会计师针对评估的舞弊导致的财务报表层次重大错报风险确定总体应对措施中,不恰当的是(　　)。
    A. 在选择进一步审计程序的性质、时间和范围时,应当注意使某些程序不为被审计单位预见或事先了解
    B. 考虑被审计单位采用的会计政策
    C. 实施风险评估程序
    D. 考虑人员的适当分派和督导

## 二、多项选择题

1. 下列关于违反法规行为的理解中,不恰当的有(　　)。
   A. 违反法规行为是指被审计单位有意或无意地违反法律法规的行为
   B. 被审计单位如果违反法律法规,就会对财务报表造成影响
   C. 管理层或员工个人从事的违反法规行为对财务报表都会产生重大影响
   D. 注册会计师应当充分关注被审计单位违反法规行为可能对财务报表产生的重大影响

2. 下列关于注册会计师发现可能存在违反法规行为时作出的处理中,正确的有(　　)。
   A. 注册会计师应实施相应的审计程序发现所有违反法规行为
   B. 如果违反法规行为涉及故意隐瞒的行为,则违反法规行为将导致更高的财务报表重大错报风险

C. 如果注册会计师发现有充分的证据表明被审计单位存在违反法规行为时则应实施适当的审计程序

D. 如果被审计单位存在违反法规行为且没有采取注册会计师认为必要的补救措施，则注册会计师应当出具无法表示意见的审计报告

3. 在应对由舞弊导致的重大错报风险时，注册会计师需要采取（  ）措施以增加审计程序的不可预见性。

   A. 对于风险程度较低而平时不会作出测试的账户余额实施实质性程序
   B. 调整审计程序的实施时间，使之有别于预期的时间安排
   C. 运用不同的抽样方法，以便考查结果的稳定性
   D. 对处于不同地理位置的多个组成部分实施审计程序

4. 注册会计师应当了解管理层通过凌驾于控制之上实施舞弊的手段主要包括（  ）。

   A. 滥用或随意变更会计政策
   B. 不恰当地调整会计估计所依据的假设及改变原先作出的判断
   C. 篡改与重大或异常交易相关的会计记录和交易条款
   D. 故意漏记、提前确认或推迟确认报告期间发生的交易或事项

5. 如果注册会计师发现涉及较高级别的管理层舞弊，则应当采取的措施有（  ）。

   A. 重新考虑此前获取的审计证据的可靠性
   B. 重新评估舞弊导致的重大错报风险，并考虑重新评估的结果对审计程序的性质、时间和范围的影响
   C. 重新评估舞弊导致的检查风险
   D. 重新考虑错报涉及的人员在被审计单位中的职位

6. 注册会计师应当（  ），以获取用于识别舞弊导致的财务报表重大错报风险所需的信息。

   A. 询问被审计单位的管理层、治理层以及内部的其他相关人员，以了解管理层针对舞弊风险设计的内部控制，以及治理层如何监督管理层对舞弊风险的识别和应对过程
   B. 考虑是否存在舞弊风险因素
   C. 考虑在实施分析程序时发现的异常关系或偏离预期的关系
   D. 考虑有助于识别舞弊导致的重大错报风险的其他信息

7. 在运用职业判断评估由舞弊导致的重大错报风险时，注册会计师应当考虑（  ）。

   A. 将识别的风险与认定层次可能发生错报的领域相联系
   B. 实施风险评估程序获取的信息，并考虑各类交易、账户余额、列报，以识别舞弊风险
   C. 识别的风险是否重大
   D. 识别的风险导致财务报表发生重大错报的可能性

8. 在了解被审计单位及其环境时，下列各项中，属于注册会计师应当向管理层询问的

有（　　）。
  A. 管理层对舞弊导致的财务报表重大错报风险的评估
  B. 管理层对舞弊风险的识别和应对过程
  C. 管理层就其对舞弊风险的识别和应对过程与治理层沟通的情况
  D. 管理层就其经营理念及道德观念与员工沟通的情况
9. 下列说法中,不正确的有（　　）。
  A. 在审查被审计单位的销售业务时,如果注意到被审计单位治理层为管理层设定了过高的销售业绩或利润指标,注册会计师应当怀疑该客户发生侵占资产的舞弊风险较高
  B. 鉴于对被审计单位管理方面的进一步改善,注册会计师对管理层实施的财务报表错报风险评估及相关控制评估的性质、范围和频率的疑虑应当及时与管理层进行沟通,以及时采取应对措施予以更正
  C. 如果公司管理层能够凌驾于内部控制之上,可以随意操纵会计记录使得舞弊者具有了舞弊的借口,会增加由舞弊导致的重大错报风险
  D. 在抽查甲公司的工资费用时,注册会计师发现甲公司维修车间负责人在被检查的一位已辞职回家的职员领取了本月工资。经查这笔工资属于冒名顶替。注册会计师将此事项记录在工作底稿中并报告给相关负责人之后结束了对工资项目的审查
10. 为防止和发现违反法规行为,管理层执行的政策和程序包括（　　）。
  A. 了解相关法律法规,确保设计的经营程序符合法律法规的规定
  B. 建议和实施适当的内部控制
  C. 确保员工经过适当的培训,了解各项行为规范
  D. 汇集必须遵守的法律法规,保存被投诉的记录

### 三、判断题

1. 注册会计师了解被审计单位对业绩衡量和评价的最重要的目的是识别被审计单位是否存在舞弊风险。（　　）
2. 针对被审计单位管理层凌驾于控制之上的风险,注册会计师应扩大实质性程序的范围。（　　）
3. 舞弊过程属于舞弊风险因素。（　　）
4. 如果评估的舞弊风险为高水平,应当在期末或者接近期末实施审计程序。（　　）
5. 注册会计师实施舞弊风险评估程序的目的在于查出所有舞弊事实。（　　）
6. 防止和发现违反法律法规行为是管理层的责任,注册会计师没有责任关注违反法律法规行为。（　　）
7. 如果认为违反法律法规行为是故意和重大的,注册会计师应当就发现的情况立即与管理层沟通。（　　）

8. 如果识别出的舞弊或已获取的信息表明可能存在舞弊,即使存在舞弊的事项可能不重要,也应当及时提请管理层或治理层关注。( )

9. 注册会计师如果发现被审计单位收入确认存在舞弊风险,则应当考虑哪些收入类别以及与收入有关的交易或认定可能导致舞弊风险。( )

10. 针对小型被审计单位职责分离的程度较差以及管理层凌驾于内部控制之上的可能性较大,注册会计师无须了解小型被审计单位的内部控制。( )

# 第八章 其他特殊项目的审计

 重点、难点讲解及典型例题

本章主要介绍了会计估计审计、关联方交易审计、首次接受审计时对期初余额的审计以及其他特殊项目的审计。

1. 会计估计是指在缺乏精确计量手段的情况下采用的某项金额的近似值。会计估计一般包括存在估计不确定性时以公允价值计量的金额，以及其他需要估计的金额。

2. 实施风险评估程序和相关活动，以了解被审计单位及其环境时，注册会计师应当了解下列内容，作为识别和评估会计估计重大错报风险的基础：

(1) 了解适用的会计准则和相关会计制度中有关会计估计的要求。

(2) 了解管理层如何识别是否需要作出会计估计。

(3) 了解管理层如何作出会计估计。

3. 在识别并评估会计估计的重大错报风险而实施审计程序时，针对了解到的被审计单位的会计估计，注册会计师应当确定：

(1) 管理层是否恰当运用会计估计相关准则。

(2) 被审计单位作出会计估计的方法是否恰当，是否得到一贯运用。

(3) 会计估计不确定性的影响因素。

4. 针对会计估计的重大错报风险的应对措施包括：

(1) 确定截至审计报告日发生的事项是否提供有关会计估计的审计证据。

(2) 测试管理层如何作出会计估计以及会计估计所依据的数据。

(3) 测试与管理层如何作出会计估计相关的控制的运行有效性，并实施恰当的实质性程序。审计准则规定，当存在下列情形之一时，注册会计师需要测试控制运行的有效性：①在评估认定层次重大错报风险时，预期针对会计估计流程的控制的运行是有效的；②仅实施实质性程序不能提供认定层次充分、适当的审计证据。

(4) 作出注册会计师的点估计或区间估计，以评价管理层的点估计。

5. 在审计导致特别风险的会计估计时，注册会计师在实施进一步实质性程序时需要重点评价：

(1) 管理层是如何评估估计不确定性对会计估计的影响，以及这种不确定性对财务报表中会计估计的确认的恰当性可能产生的影响。

(2) 相关披露的充分性。

【例题8-1·单项选择题】 下列有关会计估计审计的说法中,不正确的是(  )。
A. 如果注册会计师认为,管理层作出会计估计的程序和方法符合相关规定及企业的实际情况,可靠性强,则可不对会计估计进行测试,直接认定其合理性
B. 如果涉及特殊技术的复杂会计估计过程,注册会计师应当根据具体情况考虑是否需要利用专家的工作
C. 会计估计公式的持续适当性将直接影响会计估计的合理性
D. 会计估计的计算过程越复杂,出现重大错报的可能性就越大,就需要实施更有效的审计程序

【答案】 A

【解析】 注册会计师不对会计估计进行测试,直接认定其合理性的做法不恰当。

6. 在适用的财务报告框架对关联方作出很少规定或没有作出规定的情况下,关联方是指符合下列条件之一的人员或实体:

(1) 直接或间接(通过一家或多家中间机构)控制报告实体或对报告实体施加重大影响的人员或其他实体。

(2) 报告实体直接或间接(通过一家或多家中间机构)控制的或施加重大影响的另一实体。

(3) 与报告实体受同一方控制的另一实体(受同一方控制是指报告实体与另一实体具有共同的控股股东、所有者为关系密切的家庭成员或具有共同的关键管理人员)。

7. 在某些情况下,关联方关系及其交易的性质可能导致关联方交易比非关联方交易具有更高的财务报表重大错报风险。例如:

(1) 关联方可能通过广泛而复杂的关系和组织结构进行运作,相应增加关联方交易的复杂程度。

(2) 信息系统可能无法有效识别或汇总被审计单位与关联方之间的交易和未结算项目的金额。

(3) 关联方交易可能未按照正常的市场条款和条件进行。例如,某些关联方交易可能没有相应的对价。

8. 注册会计师在关联方交易审计过程中应当实施风险评估程序和相关工作,以获取与识别关联方关系及其交易相关的重大错报风险的信息。其包括:

(1) 了解关联方关系及其交易。

(2) 在检查记录或文件时对关联方信息保持警觉。

9. 在执行首次审计业务时,注册会计师针对期初余额的审计目标是获取充分、适当的审计证据以确定:

(1) 期初余额是否含有对本期财务报表产生重大影响的错报。

(2) 期初余额反映的恰当的会计政策是否在本期财务报表中得到一贯运用,或会计政策的变更是否已按照适用的财务报告编制基础作出恰当的会计处理和充分的列报与披露。

10. 为达到期初余额审计目标,注册会计师应当阅读审计单位最近期间的财务报表和

相关披露,以及前任注册会计师出具的审计报告(如有),以获取与期初余额相关的信息。审计程序通常包括:

(1) 确定上期期末余额是否已正确结转至本期,或在适当的情况下已作出重新表述。

(2) 确定期初余额是否反映对恰当会计政策的运用。

(3) 实施一项或多项审计程序:①如果上期财务报表已经审计,查阅前任注册会计师的审计工作底稿,以获取有关期初余额的审计证据;②评价本期实施的审计程序是否提供了有关期初余额的审计证据;③实施其他专门的审计程序,以获取有关期初余额的审计证据。

**【例题 8-2·多项选择题】** 注册会计师对财务报表进行审计时,一般无须专门对期初余额发表审计意见。以下对期初余额审计进行的各种表述中,正确的有( )。

A. 如期初余额存在影响本期报表的重大错报,则应在审计意见中反映

B. 如期初余额不存在影响本期财务报表的重大错报,则无须在审计意见中反映

C. 无论期初余额是否存在影响本期报表的重大错报,都应在审计意见中反映

D. 即使期初余额存在重大错报,也可能不在审计意见中反映

**【答案】** ABD

**【解析】** C 选项当期初余额不存在影响本期报表的重大错报时,无须在审计意见中反映。

11. 持续经营假设的审计程序包括:

(1) 关注被审计单位在财务、经营等方面存在的使持续经营假设不再合理的各种迹象。

(2) 了解被审计单位管理层对于存在的持续经营假设不再合理的迹象计划采取的措施,并判断其能否缓解对持续经营假设的影响。

(3) 与管理层分析、讨论最近的财务报表。

(4) 与管理层分析、讨论现金流量预测、盈利预测和其他预测。

(5) 审核影响持续经营能力的期后事项、财务承诺及或有事项。

(6) 检查借款合同及债务契约条款等的履行情况。

(7) 查阅股东大会、董事会会议和其他重要会议有关财务困境的记录。

(8) 向被审计单位的法律顾问或律师询问有关诉讼、索赔的情况。

(9) 检查有无改善措施及财务救助计划,并评估其合法性和可行性。

(10) 向被审计单位管理层索取其关于持续经营假设的书面声明。

(11) 对于应予披露的持续经营事项,验明是否已作恰当披露。

 教材课后习题答案

## 一、思考题

1. 实施风险评估程序和相关活动,以了解被审计单位及其环境时,注册会计师应当了

解下列内容,作为识别和评估会计估计重大错报风险的基础:

(1) 了解适用的会计准则和相关会计制度中有关会计估计的要求。通过了解,可以帮助注册会计师确定适用的会计准则和相关会计制度中是否规定了需要作出会计估计的具体情况、有关会计估计和计量方法以及披露要求,还为注册会计师就被审计单位如何运用适当的会计准则和相关会计制度中有关会计估计的规定与管理层进行讨论提供了基础。

(2) 了解管理层如何识别是否需要作出会计估计。了解管理层如何识别需要作出会计估计的交易、事项和情况,管理层负责作出会计估计,并在必要时建立计量会计估计的程序,包括恰当的内部控制等。注册会计师可以询问管理层是否已考虑下列情况的变化:①企业可能已从事需要作出会计估计的新型交易;②需要作出会计估计的交易条款可能已改变;③适用的会计准则和相关会计制度中有关会计估计的要求可能已发生变化;④法规或管理层无法控制的其他变化可能要求管理层修订原有的会计估计或作出新的会计估计;⑤需要作出会计估计的新情况或事项。

(3) 了解管理层如何作出会计估计。管理层作出会计估计的方法和依据包括:①用来作出会计估计的方法,包括模型(如适用);②相关控制;③管理层是否利用专家的工作;④会计估计所依据的假设;⑤用来作出会计估计的方法是否已经发生或应当发生不同于上期的变化以及变化的原因;⑥管理层是否评估以及如何评估估计不确定性的影响。

2. 在执行首次审计业务时,注册会计师针对期初余额的审计目标是获取充分、适当的审计证据以确定:

(1) 期初余额是否含有对本期财务报表产生重大影响的错报。

(2) 期初余额反映的恰当的会计政策是否在本期财务报表中得到一贯运用,或会计政策的变更是否已按照适用的财务报告编制基础作出恰当的会计处理和充分的列报与披露。

期初余额的审计程序通常包括:

(1) 确定上期期末余额是否已正确结转至本期,或在适当的情况下已作出重新表述。上期期末余额已正确结转至本期,主要是指:①上期账户余额计算正确;②上期总账余额与各明细账余额合计数或日记账余额合计数相等;③上期各总账余额和相应的明细账余额或日记账余额已经分别恰当地过入本期的总账和相应的明细账或日记账。

(2) 确定期初余额是否反映对恰当会计政策的运用。首先,注册会计师应了解、分析被审计单位所选用的会计政策是否恰当,是否符合适用的财务报告编制基础的要求,按照所选用会计政策对被审计单位发生的交易或事项进行处理,是否能够提供可靠、相关的会计信息。其次,如果认定被审计单位所选用的会计政策恰当,注册会计师应确认该会计政策是否在每一会计期间和前后各期得到一贯执行,有无变更。最后,注册会计师如果发现会计政策发生变更,应审核其变更理由是否充分,是否按规定予以变更,或者由于具体情况发生变化,会计政策变更能够提供更可靠、更相关的会计信息,并关注被审计单位是否已经按照适用的财务报告编制基础的要求,对会计政策变更作出适当的会计处理和充分披露。

如果被审计单位上期适用的会计政策不恰当或与本期不一致,注册会计师在实施期初余额审计时应提请被审计单位进行调整或予以披露。

(3)实施一项或多项审计程序:①财务报表已经审计,查阅前任注册会计师的审计工作底稿,以获取有关期初余额的审计证据,包括查阅前任注册会计师的工作底稿、考虑前任注册会计师的独立性和专业胜任能力、与前任注册会计师沟通时的考虑;②评价本期实施的审计程序是否提供了有关期初余额的审计证据;③实施其他专门的审计程序,以获取有关期初余额的审计证据。

注册会计师应当根据期初余额有关账户的不同性质实施相应的审计程序。账户的性质主要按照账户属于资产类还是负债类、属于流动性还是非流动性等标准加以区分。

3. 在适用的财务报告框架对关联方作出规定的情况下,关联方是指财务报告框架定义的关联方。

在适用的财务报告框架对关联方作出很少规定或没有作出规定的情况下,关联方是指符合下列条件之一的人员或实体:

(1)直接或间接(通过一家或多家中间机构)控制报告实体或对报告实体施加重大影响的人员或其他实体。

(2)报告实体直接或间接(通过一家或多家中间机构)控制的或施加重大影响的另一实体。

(3)与报告实体受同一方控制的另一实体(受同一方控制是指报告实体与另一实体具有共同的控股股东、所有者为关系密切的家庭成员或具有共同的关键管理人员)。

仅同受国家控制而不存在其他关联方关系的实体,不构成关联方。

关联方交易是指关联方之间转移资源、劳务或义务的行为,而不论是否收取价款。关联方交易的类型通常包括购买或销售商品、购买或销售商品以外的其他资产、提供或接受劳务、担保、提供资金(贷款或股权投资)、租赁、代理、研究与开发项目的转移、许可协议、代表企业或由企业代表另一方进行债务结算、关键管理人员薪酬等。

许多关联方交易是在正常经营过程中发生的,与类似的非关联方交易相比,这些关联方交易可能并不具有更高的财务报表重大错报风险。但是,在某些情况下,关联方关系及其交易的性质可能导致关联方交易比非关联方交易具有更高的财务报表重大错报风险。例如:

(1)关联方可能通过广泛而复杂的关系和组织结构进行运作,相应增加关联方交易的复杂程度。

(2)信息系统可能无法有效识别或汇总被审计单位与关联方之间的交易和未结算项目的金额。

(3)关联方交易可能未按照正常的市场条款和条件进行。例如,某些关联方交易可能没有相应的对价。

4. 董事长是公司的关键管理人员,而关键管理人员与公司的关系就属于关联方关系的一种,关联方与企业发生的交易(包括买卖、借贷、发放工资、奖金等)就形成了关联方交易。

5. 关联方审计程序的目的是确保审计人员能够识别和评估与被审计实体存在关联关系的交易和事项,以确定这些交易和事项是否存在潜在的风险或影响对被审计实体财务报表的准确性和完整性。通过进行关联方审计程序,审计人员能够评估关联方交易的合理性、公允性和真实性,以及是否符合适用的会计准则和法规要求。此外,关联方审计程序还能够帮助审计人员发现潜在的关联方欺诈行为或利益输送,从而提高审计的可靠性和有效性。

6. 期后事项是指财务报表日至审计报告日之间发生的事项,以及注册会计师在审计报告日后知悉的事实。

可能对财务报表和审计报告产生影响的期后事项有以下两类:

(1) 财务报表日后调整事项。财务报表日后调整事项是指对财务报表日已经存在的情况提供了新的或进一步证据的事项。

(2) 财务报表日后非调整事项。财务报表日后非调整事项是指表明财务报表日后发生的情况的事项。

注册会计师应当设计和实施审计程序,获取充分、适当的审计证据,以确定所有在财务报表日至审计报告日之间发生的、需要在财务报表中调整或披露的事项(即第一时段期后事项)均已得到识别。注册会计师有责任主动识别第一阶段期后事项,并设计专门的审计程序来识别这些期后事项,并根据这些事项的性质判断其对财务报表的影响,并进而确定是调整事项,还是披露事项。

注册会计师应当尽量在接近审计报告日实施以下审计程序,以便识别需要在财务报表中调整或披露的事项:

(1) 复核被审计单位管理层建立的用于确保识别期后事项的程序。

(2) 查阅股东会、董事会及其专门委员会在财务报表日后举行的会议的纪要,并在不能获取会议纪要时询问会议讨论的事项。

(3) 查阅最近的中期财务报表,如认为必要和适当,还应当查阅预算、现金流量预测和其他相关管理报告。

(4) 向被审计单位律师或法律顾问询问有关诉讼和索赔事项。

(5) 向管理层询问是否发生可能影响财务报表的期后事项。

如果被审计单位的分支机构、子公司等组成部分的财务信息由其他注册会计师审计,注册会计师应当考虑其他注册会计师对财务报表日后事项所实施的审计程序。

在实施了相应的审计程序后,如果知悉对财务报表有重大影响的期后事项,注册会计师应当考虑这些事项在财务报表中是否得到恰当的会计处理或予以充分披露。

如果所知悉的期后事项属于调整事项,注册会计师应当考虑被审计单位是否已对财务报表作出适当的调整。如果所知悉的期后事项属于非调整事项,注册会计师应当考虑被审计单位是否在财务报表附注中充分披露。

7. 期后事项对审计报告的影响如下：

(1) 对能为财务报表日已存在情况提供证据的事项，提请被审计单位调整财务报表。如不调整，注册会计师应发表保留意见或否定意见的审计报告。

(2) 对不影响财务报表金额，但可能影响对财务报表正确理解的事项，提请被审计单位披露。如不披露，注册会计师应发表保留意见或否定意见的审计报告。

8. 或有事项是指过去的交易或事项形成的，其结果须通过未来不确定事项的发生或不发生予以证实的不确定事项。常见的或有事项主要包括未决诉讼或仲裁、债务担保、产品质量保证、承诺、亏损合同、重组义务、环境污染整治等。由于或有事项具有不确定性这一特征，其结果只能由未来发生的事项确定，需要注册会计师具备相当程度的专业判断能力。

总结起来，针对或有事项的审计程序通常如下：

(1) 向被审计单位管理层询问其确定、评价与控制或有事项方面的有关方针政策和工作程序。

(2) 向被审计单位管理层索取下列资料，作必要的审核和评价：①被审计单位管理层的书面声明，保证其已按照有关规定，对其全部或有事项作了反映；②被审计单位现存的有关或有负债的全部文件和凭证；③被审计单位与银行之间的往来函件；④被审计单位的债务说明书。

(3) 向被审计单位的法律顾问和律师进行函证，获取财务报表日业已存在的，以及财务报表日至复函日期间存在的或有事项的确认证据。进行法律费用分析，从法律顾问和律师处复核发票和说明，视其是否足以说明存在或有事项。

(4) 复核上期和审计期间税务机构的税收结算报告。

(5) 向与被审计单位有业务往来的银行寄发含有要求银行提供被审计单位或有负债的函证书。

(6) 审阅截至审计外勤工作完成日止被审计单位历次董事会纪要和股东大会会议记录，确定是否存在或有事项的记录。

(7) 复核现存的审计工作底稿，寻找任何可以说明潜在或有事项的资料。

(8) 寻查被审计单位对未来事项和协议的财务承诺，并向被审计单位管理层询问。

(9) 确定或有事项在财务报表上的披露是否恰当。

9. 会计上的或有事项、财务报表日后事项与审计上的不确定事项、期后事项之间存在明显的区别。

会计上的或有事项是指那些可能发生的未来事件，其结果取决于未来事项的发生或不发生，并且这些事件的发生具有不确定性。例如，一项未决诉讼的结果就是典型的或有事项，其结果取决于法院的判决。或有事项在财务报表中通常以或有负债的形式体现，如果这些事项成为现实，可能会对企业的财务状况和经营成果产生影响。

财务报表日后事项是指在财务报表编制完成日至财务报表报出日之间发生的事项，

这些事项可能会影响财务报表的准确性和完整性。财务报表日后事项包括两种情况：一是报告年度终了至审计报告日之间发生的期后事项；二是在审计报告日后知悉的事实。这些事项可能会影响财务报表的反映，因此需要被审计单位和注册会计师关注。

在审计领域，不确定事项和期后事项是两个不同的概念。不确定事项是指在审计过程中遇到的、可能导致审计证据不确定性的因素，这些因素可能会影响审计结论的确定性。例如，某些信息的真实性、完整性或相关性存在疑问，导致审计人员无法形成确定的审计结论。而期后事项则是指财务报表日至审计报告日之间发生的事项，以及审计报告日后知悉的事实。注册会计师的目标是获取充分、适当的审计证据，以确定这些事项是否已按照适用的会计准则和相关会计制度的规定在财务报表中得到恰当反映。

综上所述，会计上的或有事项和财务报表日后事项主要关注的是可能影响财务状况和经营成果的不确定事件和情况，而审计上的不确定事项和期后事项则更侧重于审计过程中对证据不确定性的处理和财务报表日后发生的可能影响财务报表准确性的事件。

10. 企业的持续经营能力是指企业能否持续地运营下去，而不会面临清算或停业的情况。注册会计师在评估企业的持续经营能力时，需要关注可能导致对被审计单位持续经营能力产生重大疑虑的事项或情况，如经济环境、行业状况、企业规模和复杂程度、经营活动性质和状况、外部因素影响、关键管理人员变动、财务压力、对外担保、法律诉讼等具体情况。此外，注册会计师还需关注管理层对持续经营能力作出的评估，以及是否存在导致持续经营能力产生重大疑虑的事项或情况，并判断这些事项或情况是否构成重大不确定性。

关于不确定事项与审计范围受限，这两者并不等同。不确定事项并不等于审计范围受到限制。任何不确定事项都包括两个方面：一是已经发生的事项；二是尚未发生的事项。注册会计师对已经发生的事项有可能获取充分、适当的审计证据，而对尚未发生的事项则无能为力，审计证据有可能在将来才能获取。因此，不存在的不确定事项，注册会计师无法获取审计证据，但这并不意味着审计范围受到限制。审计范围受到限制是指交易或事项已经存在，但由于被审计单位的阻碍或客观条件的限制，注册会计师不能实施审计程序，获取充分、适当的审计证据。

11. 审计人员应根据获取的审计证据，确定可能导致对持续经营能力产生重大疑虑的事项或情况是否存在重大不确定性，并考虑其对审计结论和报告的影响。

（1）如果认为被审计单位在编制财务报表时运用持续经营假设是适当的，但可能导致对持续经营能力产生重大疑虑的事项或情况存在重大不确定性，审计人员应考虑以下两点并确定拟发表审计意见的类型：一是财务报表是否已充分描述导致对持续经营能力产生重大疑虑的主要事项或情况，以及管理层针对这些事项或情况提出的应对计划；二是财务报表是否已清楚指明可能导致对持续经营能力产生重大疑虑的事项或情况存在重大不确定性，被审计单位可能无法在正常的经营过程中变现资产、清偿债务。

若财务报表已作出充分披露，审计人员应出具无保留意见的审计报告，并在审计意见段之后增加强调事项段。强调可能导致对持续经营能力产生重大疑虑的事项或情况存重大不确定性的事实,并提醒财务报表使用者注意财务报表附注中对有关事项的披露。在极端情况下,如同时存在多项重大不确定性,审计人员应考虑出具无法表示意见的审计报告,而不是在审计意见段之后增加强调事项段。

若财务报表未能作出充分披露,审计人员应考虑出具保留意见或否定意见的审计报告。审计报告应当具体提及可能导致对持续经营能力产生重大疑虑的事项或情况存在重大不确定性的事实,并指明财务报表未对该事实作出披露。

(2)如果判断被审计单位将不能持续经营,但财务报表仍然按照持续经营假设编制,审计人员应考虑出具否定意见的审计报告。

(3)在管理层认为编制财务报表时运用持续经营假设不再适当而选用了其他基础编制财务报表的情况下,审计人员应当实施补充的审计程序。如果认为管理层选用的其他编制基础是适当的,且财务报表已作出充分披露,审计人员可考虑出具无保留意见的审计报告,并在审计意见段之后增加强调事项段,以提醒财务报表使用者关注管理层选用的其他编制基础。

(4)当管理层没有对持续经营能力作出初步评估,或管理层评估持续经营能力涵盖的期间少于自资产负债表日起的12个月,或存在超出管理层评估期间的事项或情况时,审计人员应提请管理层对持续经营能力作出评估,或将评估期间延伸至自资产负债表日起的12个月。如果管理层拒绝审计人员的要求,审计人员应将其视为审计范围受到限制,考虑出具保留意见或无法表示意见的审计报告。

12.如果财务报表已作出充分披露,注册会计师应当出具无保留意见的审计报告,并在审计意见段之后增加强调事项段,强调可能导致对持续经营能力产生重大疑虑的事项或情况存在重大不确定性的事实,并提醒财务报表使用者注意财务报表附注中对有关事项的披露。

在极端情况下,如果同时存在多项重大不确定性,注册会计师应当考虑出具无法表示意见的审计报告,而不是在审计意见段之后增加强调事项段。当被审计单位存在多项可对其持续经营能力产生重大疑虑的事项或情况存在重大不确定性时,如果注册会计师难以判断财务报表的编制基础是否适合继续采用持续经营假设,应将其视为对注册会计师的审计范围构成重大限制。在这种情况下,如果财务报表已作出充分披露,注册会计师应当考虑无法表示意见的审计报告,而不是在审计意见段之后增加强调事项段。

如果财务报表未能作出充分披露,注册会计师应当出具保留意见或否定意见的审计报告。审计报告应当具体提及可能导致对持续经营能力产生重大疑虑的事项或情况存在重大不确定性的事实,并指明财务报表未对该事实作出披露。

## 二、选择题

| 1 | 2 | 3 | 4 | 5 | 6 | 7 | 8 | 9 |
| --- | --- | --- | --- | --- | --- | --- | --- | --- |
| A | ABD | ABCD | C | B | C | A | D | B |

### 三、案例分析题

（1）注册会计师应当实施的审计程序有：查阅前任注册会计师审计工作底稿；考察前任注册会计师的独立性和专业胜任能力；与前任注册会计师进行恰当的沟通。

（2）

| 相关项目 | 相应的审计程序 |
|---|---|
| 对于存货项目 | (1)复核上期存货盘点记录文件；(2)检查上期存货有关的交易记录；(3)运用毛利率百分比法等进行分析 |
| 对于固定资产项目 | 审核与这些固定资产相关的采购合同、原始发票、验收凭证等 |
| 对于长期银行借款项目 | 检查相关借款合同；借入时的原始凭证和会计记录等；向债权人进行函证 |

（3）注册会计师应当提请被审计单位告知前任注册会计师，并要求被审计单位安排三方会谈。

（4）注册会计师应当考虑该审计报告对本期财务报表的影响。如果导致对前期财务报表出具非标准审计报告的事项对本期有重大影响，出具非标准审计报告；如果对本期财务报表影响不够重大，则可以出具标准审计报告。

## 思考与练习

### 一、单项选择题

1. 为了识别和评估管理层作出的会计估计重大错报风险，注册会计师了解的事项不包括（　　）。
   A. 与会计估计相关的适用的财务报告编制基础的要求
   B. 管理层对会计估计精确性计量
   C. 管理层如何识别是否需要作出会计估计
   D. 管理层如何作出会计估计

2. 下列有关会计估计审计的提法中，不恰当的是（　　）。
   A. 获取充分、适当的审计证据，评价被审计单位作出的会计估计是否合理、披露是否充分，是注册会计师的责任
   B. 注册会计师在针对会计估计实施风险评估程序时，无需了解其内部控制
   C. 由于会计估计的主观性、复杂性和不确定性，管理层作出的会计估计发生重大错报的可能性较大，注册会计师应实施风险评估程序，确定会计估计的重大错报风险是否属于特别风险
   D. 管理层为达到预期结果，可能会滥用会计估计，注册会计师应当注意识别和评估与会计估计相关的舞弊行为导致的重大错报风险

3. 下列各项中，不属于针对会计估计实施的风险评估程序的是（　　）。

A. 了解适用的会计准则和相关会计制度中有关会计估计的要求

B. 评价会计估计使用的主要假设是否有合理的依据

C. 复核前期财务报表中作出的会计估计的结果,或对其进行重新估计

D. 了解管理层如何识别需要作出会计估计的交易、事项和情况

4. 下列与期初存货余额相关的论述中,正确的是( )。

A. 对于未能对期初存货余额实施监盘这一事项,不应直接视为审计范围受到限制

B. 上年度财务报表已由前任注册会计师发表无保留意见的,可直接确认期初存货余额

C. 监盘当前的存货数量并调节至期初存货数量是不适当的

D. 无需专门对期初存货余额发表意见

5. 下列有关期初余额审计的说法中,正确的是( )。

A. 如果与期初余额相关的会计政策未能在本期得到一贯运用,并且会计政策的变更未能得到正确的会计处理和恰当的列报,注册会计师应当出具保留意见或无法表示意见的审计报告

B. 注册会计师在与前任注册会计师沟通时,应提请被审计单位书面或口头授权前任注册会计师对其询问作出充分答复

C. 注册会计师如果发现期初余额存在严重影响本期财务报表的错报或漏报,则应当对本期财务报表发表保留意见或否定意见

D. 由于会计估计的主观性、复杂性和不确定性,管理层作出的会计估计发生重大错报的可能性较大,注册会计师应当评估会计估计的重大错报风险是否属于特别风险

6. 下列有关关联方审计的说法中,正确的是( )。

A. 注册会计师在针对关联方及其相关交易的完整性实施审计程序时,为获取充分、适当的审计证据询问了前任注册会计师并了解到有关关联方的相关信息,此时直接可以得出关联方及其相关交易的披露是否完整的结论

B. 企业只有当年发生了关联方交易,才需要在报表附注中披露有关关联方的信息,否则无需每年披露

C. 上市公司的股权登记机构是工商登记机关

D. 通过查阅股东会和董事会的会议纪要以及其他相关的法定记录可以帮助注册会计师识别被审计单位的关联方

7. 注册会计师接受委托审计甲公司 2023 度财务报表,在对关联方及其交易的审查过程中,如果合理预期不存在其他充分、适当的审计证据,注册会计师应当( )。

A. 直接视为审计范围受到限制,发表保留意见的审计报告

B. 对财务报表具有重大影响的事项向管理层获取书面声明

C. 直接视为审计范围受到限制,发表无法表示意见的审计报告

D. 直接视为审计范围受到限制,发表否定意见的审计报告

8. 不可能存在以前尚未识别的关联方的情况是( )。

A. 以市场公允价格出售紧俏商品
B. 大量购入并不需要的材料或滞销的商品
C. 采用预付货款的方式采购市场上并不紧缺的原材料或商品
D. 收取大量的货款却迟迟不发货

9. 在审计过程中,不属于注册会计师为识别出关联方存在审计程序的是( )。
   A. 通过执行交易和余额的细节测试,发现的异常交易
   B. 询问其他注册会计师或前任注册会计师所知悉的其他关联方
   C. 复核被审计单位识别关联方的程序
   D. 询问治理层和关键管理人员是否与其他单位存在隶属关系

10. 如果被审计单位关联方交易的会计处理不符合适用的会计准则和相关会计制度的要求,注册会计师应考虑( )。
    A. 出具保留意见或无法表示意见的审计报告
    B. 将其视为审计范围受到限制
    C. 出具保留意见或否定意见的审计报告
    D. 出具带有强调事项段的无保留意见

## 二、多项选择题

1. 会计估计审计中,注册会计师在评价管理层适用的假设的合理性时,其可能需要考虑的有( )。
   A. 单项假设是否显得合理
   B. 假设是否相互依赖且具有内在一致性
   C. 当将这些假设汇总起来考虑或结合其他假设考虑时,无论是对特定会计估计还是其他会计估计,这些假设是否显得合理
   D. 对于账面价值会计估计,假设是否恰当地反映可观察到的市场假设

2. 注册会计师在了解被审计单位管理层如何识别是否需要作出会计估计时,注册会计师主要通过询问管理层,就可以了解管理层如何识别需要作出会计估计的情形。询问的内容可以包括( )。
   A. 被审计单位是否已从事可能需要作出会计估计的新型交易
   B. 需要作出会计估计的交易的条款是否已改变
   C. 由于适用的财务报告编制基础的要求或其他规定的变化,与会计估计相关的会计政策是否已经相应变化
   D. 是否已经发生可能需要作出新估计或修改现有估计的新情况或事项

3. 在对被审计单位会计估计进行审计时,注册会计师发现被审计单位( )情形,表明某些会计估计涉及相对较低的估计不确定性,并可能导致较低的重大错报风险。
   A. 从事不复杂的经营活动的实体作出的会计估计
   B. 在模型的假设或输入数据是可观察到的情况下,采用广为人知或被普遍认可的计

量模型作出的公允价值会计估计

C. 因与常规交易相关而经常作出并更新的会计估计

D. 从较易获得的数据(如公布的利率或证券交易价格)中得出的会计估计

4. 下列情形中,需要针对期初余额发表非无保留意见的有(　　)。

A. 期初余额存在对本期财务报表产生重大影响的错报,且错报的影响未能得到正确的会计处理和恰当的列报

B. 不能获取有关期初余额的充分、适当的审计证据

C. 会计政策的变更未能得到恰当的会计处理或适当的列报与披露

D. 导致前任注册会计师对上期财务报表出具非标准审计报告的事项对本期财务报表仍然相关和重大

5. 注册会计师对期初余额可以采取的审计程序包括(　　)。

A. 查阅前任注册会计师的工作底稿

B. 对流动资产和流动负债,注册会计师通常可以通过本期实施的审计程序获取部分审计证据

C. 对非流动资产和非流动负债,注册会计师通常检查形成期初余额的会计记录和其他信息或向第三方函证

D. 由期末存货库存余额倒推至年初

6. 下列关于期初余额审计的表述中,正确的有(　　)。

A. 注册会计师应当保持应有的执业谨慎,充分考虑期初余额对所审财务报表的影响

B. 期初余额就是指期初已存在的账户余额

C. 注册会计师应当根据已获取的审计证据,形成对期初余额的审计结论,并在此基础上,确定其对审计意见的影响

D. 注册会计师一般无需专门对期初余额发表审计意见

7. 下列各项中,属于注册会计师对关联方交易识别方法的有(　　)。

A. 复核由治理层和管理层提供的关联方交易的信息

B. 了解被审计单位与关联方交易相关的内部控制

C. 对异常的交易保持警惕

D. 实施进一步审计程序时,对关联方交易关注

8. 如果识别出被审计单位管理层以前未识别出或未向注册会计师披露的关联方关系或重大关联方交易,注册会计师应当(　　)。

A. 立即将相关信息向项目组其他成员通报

B. 在适用的财务报告编制基础对关联方作出规定的情况下,要求管理层识别与新识别出的关联方之间发生的所有交易,以便注册会计师作出进一步评价,并询问与关联方关系及其交易相关的控制为何未能识别或披露该关联方关系或交易

C. 对新识别出的关联方或重大关联方交易实施恰当的实质性程序

D. 重新考虑可能存在管理层以前未识别出或未向注册会计师披露的其他关联方或重

大关联方交易的风险,如有必要,实施追加的审计程序

9. 会计估计审计中,基于评估的重大错报风险,注册会计师应当确定( )。
   A. 管理层是否恰当运用与会计估计相关的适用的财务报告编制基础的规定
   B. 作出会计估计的方法是否恰当
   C. 作出会计估计的方法是否得到一贯运用
   D. 会计估计或作出会计估计的方法不同于上期的变化是否适合于具体情况

10. 注册会计师在执行首次审计业务时,针对期初余额的目标是获取充分、适当的审计证据,以确定( )。
    A. 期初余额是否含有对本期财务报表产生重大影响的错报
    B. 期初余额反映的恰当的会计政策是否在本期财务报表中得到一贯运用
    C. 会计政策的变更是否已按照适用的财务报告编制基础作出恰当的会计处理和充分的列报和披露
    D. 期初余额反映的所有会计估计是否在本期财务报表中得到一贯运用

## 三、判断题

1. 在询问关联方关系时,注册会计师的询问对象通常包括证券监管机构。( )
2. 超出正常经营过程的重大关联方交易导致的风险属于特别风险。( )
3. 实施实质性程序应对与关联方交易相关的重大错报风险更有效,因此无须了解和评价与关联方关系和交易相关的内部控制。( )
4. 在识别和评估与会计估计相关的重大错报风险时,注册会计师无须了解公司管理层如何作会计估计。( )
5. 被审计单位管理层应当对其作出的包括财务报表中的会计估计负责。( )
6. 与会计估计相关的估计不确定性的程度受会计估计对判断的依赖程度的影响。( )
7. 在识别和评估与会计估计相关的重大错报风险时,注册会计师需要了解与会计估计相关的财务报告编制基础的规定。( )
8. 治理层担当监督的角色,负责监督管理层如何履行这些控制责任。( )
9. 在执行首次审计业务时,注册会计师针对期初余额的审计目标是获取充分、适当的审计证据,以确定期初余额是否含有对本期财务报表产生重大影响的错报以及期初余额反映的恰当的会计政策是否在本期财务报表中得到一贯运用,或会计政策的变更是否已按照适用的财务报告编制基础作出恰当的会计处理和充分的列报与披露。( )
10. 期后事项是指财务报表日至审计报告日之间发生的事项,以及注册会计师在审计报告日后知悉的事实。可能对财务报表和审计报告产生影响的期后事项有两类。( )

## 四、案例讨论题

A 会计师事务所审计了 Y 公司 2022 年度财务报表,并出具了保留意见的审计报告。负责 Y 公司外勤审计工作的 L 注册会计师于 2023 年 5 月离职加入 B 会计师事务所,转

所手续至 2024 年 5 月办理完毕。2024 年 1 月,Y 公司决定改聘 B 会计师事务所审计其 2023 年度财务报表,并与 B 所签订了审计业务约定书。该约定书中约定 Y 公司协助 B 会计师事务所与 A 会计师事务所进行沟通,以了解相关情况。B 会计师事务所委派 L 注册会计师担任 Y 公司 2023 年度财务报表审计的外勤负责人,于 2024 年 4 月出具了无保留意见审计报告。

要求:

(1) 在何种情况下,注册会计师应对 Y 公司 2023 年度财务报表的期初余额作适当审计?审计目的是什么?

(2) B 会计师事务所通常应采用什么方式了解 Y 公司 2023 年度期初余额的情况?了解的主要内容有哪些?

(3) 针对 A 会计师事务所对 Y 公司 2022 年度财务报表审计报告中的保留事项,B 会计师事务所对 Y 公司 2023 年度财务报表出具无保留意见的前提是什么?

(4) L 注册会计师能否签署 Y 公司 2023 年度财务报表的审计报告?请说明具体原因。

# 第九章 审阅和其他鉴证业务

 重点、难点讲解及典型例题

本章主要讲述了财务报表审阅的目标、范围、保证程度、基本程序以及审阅报告的编制;预测性财务信息及相关概念;网络认证的含义与形成背景、程序与原则;系统认证的含义、原则与标准。

1. 财务报表审阅是指注册会计师接受委托,主要通过实施询问和分析程序为主的审阅程序,获取充分、适当的证据,对财务报表提供有限保证。审阅提供的保证程度低于审计,适用于被审阅单位或者财务信息的其他使用者不需要审计,但又对信息质量有一定要求的情况。

2. 业务约定书是由会计师事务所和委托人签订的,用来记录和确认审阅业务的委托与受托关系、审阅目标和范围、双方责任以及报告的格式等事项的书面协议。

3. 审阅计划包括总体审阅策略和具体审阅计划两个部分。

4. 财务报表审阅程序通常包括:

(1) 了解被审阅单位及其环境。

(2) 询问被审阅单位采用的会计准则、相关会计制度、行业惯例。

(3) 询问被审阅单位对交易和事项的确认、计量、记录和报告的程序。

(4) 询问财务报表中所有重要的认定。

(5) 询问股东会、董事会以及其他类似机构决定采取的可能对财务报表产生影响的措施。

(6) 阅读财务报表,以考虑是否遵循指明的编制基础。

(7) 获取其他注册会计师对被审阅单位组成部分财务报表出具的审计报告或审阅报告。

5. 注册会计师应当主要通过询问和分析程序获取充分、适当的证据,作为得出审阅结论的基础。在财务报表审阅业务中,注册会计师提供的保证水平低于在财务报表审计业务中提供的保证水平。因此,与审计相比,审阅在证据收集程序的性质、时间、范围等方面是有意识地加以限制的。

【例题 9-1·单项选择题】 与财务报表审计相比,财务报表审阅的特点在于( )。

A. 财务报表审阅的范围较大　　　　B. 财务报表审阅的程序较多

C. 财务报表审阅的保证程度较低　　D. 财务报表审阅的保证程度较高

【答案】 C

【解析】 财务报表审阅的特点在于范围小、程序较少、保证程度低。

**【例题 9-2·单项选择题】** 注册会计师在执行预测性财务信息审核业务时,除( )外,注册会计师应当获取充分、适当的证据。

A. 管理层编制预测性财务信息所依据的最佳估计假设并非不合理

B. 预测性财务信息是在假设的基础上恰当编制的

C. 预测性财务信息已恰当列报,所有重大假设已充分披露

D. 预测性财务信息的编制基础与历史财务报表一致,并选用了恰当的会计政策

【答案】 D

【解析】 A、B、C 选项中的三种情况都应当获取充分、适当的证据。

6. 审阅报告的要素包括标题,收件人,引言段,范围段,结论段,注册会计师的签名和盖章,会计师事务所的名称、地址和盖章,报告日期。

8. 审阅结论的类型包括无保留结论、保留结论、否定结论、无法提供保证结论。

9. 预测性财务信息是指被审核单位依据对未来可能发生的事项或采取的行动的假设而编制的财务信息。

10. 管理层负责编制预测性财务信息,包括识别和披露预测性财务信息依据的假设。注册会计师接受委托对预测性财务信息实施审核并出具报告,可增强该信息的可信赖程度。

11. 网络认证是一种被用来为顾客和企业之间进行网上交易建立信任、信心的综合性的认证服务。

12. 网络认证的原则包括安全性原则、有效性原则、处理的完整性原则、在线私人信息原则、保密性原则。

13. 系统认证服务是为管理层、董事会或第三方提供关于用于产生实时信息的信息系统可靠性保证的业务。

14. 系统认证的原则包括可用性原则、安全性原则、完整性原则、可维护性原则。

#  教材课后习题答案

## 一、思考题

1. 财务报表审阅是指注册会计师接受委托,主要通过实施询问和分析程序为主的审阅程序,获取充分、适当的证据,对财务报表提供有限保证。审阅提供的保证程度低于审计,适用于被审阅单位或者财务信息的其他使用者不需要审计,但又对信息质量有一定要求的情况。

2. 审计、审阅、相关服务的差异见表 9-1。

表 9-1　　　　　　　　　　审计、审阅、相关服务的差异

| 项目 | 审计（如财务报表审计） | 审阅（如财务报表审阅） | 相关服务（如执行商定程序） |
|---|---|---|---|
| 目标 | 注册会计师通过执行审计工作,对财务报表的下列方面发表审计意见：(1)财务报表是否按照适用的会计准则和相关会计制度的规定编制；(2)财务报表是否在所有重大方面公允反映被审计单位的财务状况、经营成果和现金流量 | 注册会计师在实施审阅程序的基础上,说明是否注意到某些事项,使其相信财务报表没有按照适用的会计准则和相关会计制度的规定编制,未能在所有重大方面公允反映被审阅单位的财务状况、经营成果和现金流量 | 注册会计师对特定财务数据、单一财务报表或整套财务报表等财务信息执行与特定主体商定的具有审计性质的程序,并就执行的商定程序及其结果出具报告 |
| 业务性质 | 合理保证的鉴证业务 | 有限保证的鉴证业务 | 相关服务（非鉴证业务） |
| 执业标准 | 《中国注册会计师审计准则》 | 《中国注册会计师审阅准则第 2101 号——财务报表审阅》 | 《中国注册会计师相关服务准则第 4101 号——对财务信息执行商定程序》等 |
| 对注册会计师独立性的要求 | 作为鉴证业务,注册会计师在执行审计、审阅业务时必须具有形式上和实质上的独立性 | 不对商定程序业务提出独立性要求,但如果业务约定书或委托目的对注册会计师的独立性提出要求,注册会计师应当从其规定。如果注册会计师不具有独立性,应当在商定程序业务报告中说明这一事实 | |
| 所使用的程序和方法 | 审计程序的实施范围较广,程度较深,种类较多,包括检查记录或文件、检查有形资产、观察、询问、函证、重新计算、重新执行、分析程序等 | 以询问和分析程序为主,只有当有理由相信所审阅的财务报表可能存在重大错报时才需要追加其他程序 | 视执行商定程序的对象和委托目的而定,可能使用询问和分析、重新计算、比较和其他核对方法,观察、检查、函证等方法中的全部或者一部分 |
| 提供的保证程度 | 以积极方式提供合理保证 | 以消极方式提供有限保证 | 不提供任何保证 |
| 结论的类型 | 无保留意见、保留意见、无法表示意见、否定意见 4 种,其中无保留意见和保留意见可以加强调事项段 | 类似于审计意见的类型,包括无保留、保留、否定、无法提供任何程度的保证 4 种 | 只要求在报告中说明执行商定程序的结果,包括详细说明发现的错误和例外事项,不要求提出鉴证结论 |

3. 财务报表审阅的程序通常包括：

(1)了解被审阅单位及其环境。

(2)询问被审阅单位采用的会计准则、相关会计制度、行业惯例。

(3)询问被审阅单位对交易和事项的确认、计量、记录和报告的程序。

(4)询问财务报表中所有重要的认定。

(5)询问股东会、董事会以及其他类似机构决定采取的可能对财务报表产生影响的措施。

(6)阅读财务报表,以考虑是否遵循指明的编制基础。

(7) 获取其他注册会计师对被审阅单位组成部分财务报表出具的审计报告或审阅报告。

4. 审阅报告的要素包括标题,收件人,引言段,范围段,结论段,注册会计师的签名和盖章,会计师事务所的名称、地址和盖章,报告日期。

5. 预测性财务信息审核的目标是注册会计师对被审核单位预测性财务信息所依据的最佳估计假设是否合理;推测性假设与信息的编制目的是否相适应;预测性财务信息是否在假设的基础上恰当地编制;预测性财务信息是否恰当列报;预测性财务信息的编制基础与历史财务报表是否一致,是否选用了恰当的会计政策进行判断,并发表审核意见。

6. 管理层负责编制的预测性财务信息包括识别和披露预测性财务信息依据的假设。注册会计师接受委托对预测性财务信息实施审核并出具报告,可增强该信息的可信赖程度。

7. 注册会计师执行预测性财务信息审核的程序包括:

(1) 确定审核程序的性质、时间和范围时应考虑的因素。

(2) 评估最佳估计假设与推测性假设。

(3) 评价预测性财务信息是否依据管理层确定的假设恰当编制。

(4) 关注敏感领域对预测性财务信息的影响。

(5) 审核预测性财务信息时的特别考虑。

(6) 出具预测性财务信息审核报告。

8. 网络认证是一种被用来为顾客和企业之间进行网上交易建立信任、信心的综合性的认证服务。其程序包括:

(1) 电子商务公司提出申请。

(2) 对电子商务公司进行鉴证。

(3) 授予电子印章。

(4) 连续检查。

9. 系统认证是为管理层、董事会或第三方提供关于用于产生实时信息的信息系统可靠性保证的业务。其原则和标准见表9-2。

表9-2　　　　　　　　　　　系统认证的原则和标准

| 原则 | 标　　准 |
| --- | --- |
| 可用性:<br>系统能够按照服务水平协议随时可供执行和使用 | (1) 实体已经为系统可用性制定并传达了执行目标、政策和准则;<br>(2) 实体利用程序、人员、软件、数据和基础设施来实现其系统可用性目标;<br>(3) 实体监测系统并采取行动,以实现其系统可用性目标 |
| 安全性:<br>保护系统免受未经授权的物理或逻辑进入 | (1) 实体已经为系统安全性制定并传达了执行目标、政策和准则;<br>(2) 实体利用程序、人员、软件、数据和基础设施来实现其系统安全性目标;<br>(3) 实体监测系统并采取行动,以实现其系统安全性目标 |

(续表)

| 原则 | 标准 |
|---|---|
| 完整性：<br>系统处理完整、准确、及时并经过授权 | (1) 实体已经为系统处理完整性制定并传达了执行目标、政策和准则；<br>(2) 实体利用程序、人员、软件、数据和基础设施来实现其系统处理完整性目标 |
| 可维护性：<br>为了继续保持系统的可用性、安全性和完整性，能够对系统进行必要的更新 | (1) 实体监测系统并采取行动，以实现其系统处理完整性目标；<br>(2) 实体已经为系统可维护性制定并传达了执行目标、政策和准则；<br>(3) 实体利用程序、人员、软件、数据和基础设施来实现其系统可维护性目标；<br>(4) 实体监测系统并采取行动，以实现其系统可维护性目标 |

## 二、选择题

| 1 | 2 | 3 | 4 | 5 | 6 | 7 | 8 | 9 | 10 | 11 |
|---|---|---|---|---|---|---|---|---|----|----|
| C | ACD | ABCD | ABC | A | AC | ABCD | ABC | ABCD | A | ABC |

## 三、案例讨论题

（1）X 会计师事务所提供的审阅业务属于有限责保证的鉴证业务。在保证程度方面，审阅业务提供的低于高水平的保证程度，审计业务提供的高水平的保证程度。在证据数量方面，审阅业务所需的证据较少，审计业务所需的证据较多。在鉴证业务风险方面，审阅业务的风险较高，审计业务的风险较低。在提出结论的方式上，审阅业务以消极方式提出结论，审计业务以积极方式提出结论。

（2）X 会计师事务所在审阅业务中采取的工作方法是适当的。因为审阅业务是一种有限保证业务，注册会计师采取的工作程序是受到有意限制的，所以注册会计师可以主要采取询问和分析程序，不必一定要到被审计单位现场实施审阅程序。财务报表审计业务采取这种工作方法显然不妥，审计业务必须采用所有必要的审计程序，而且必须到被审计单位现场搜集有关证据。

 思考与练习

### 一、单项选择题

1. 下列各项中，不属于鉴证业务的是（　　）。
   A. 历史财务报表审计业务　　　　　B. 验资业务
   C. 对财务信息执行商定程序　　　　D. 历史财务信息的审阅业务
2. 财务报表审阅业务提供的保证程度是（　　）。
   A. 有限保证　　　　　　　　　　　B. 合理保证
   C. 不提供任何程度的保证　　　　　D. 有限保证和合理保证同时存在

3. ABC会计师事务所承接了乙上市公司的2023年度的财务报表审阅业务,C注册会计师负责该项业务。对于在审阅过程中的可能表明重大错报的情形,下列关于C注册会计师的判断中,不正确的是(  )。

   A. 如果有理由相信所审阅的财务报表可能存在重大错报,注册会计师应当实施追加的或更为广泛的程序,以便能够以消极方式提出结论或确定是否出具非无保留结论的报告

   B. 在实施审阅程序后,如果获悉在审阅过程中所获取的信息有不正确、不完整,或者在其他方面不能令人满意的情况,注册会计师应当实施其认为必要的更为广泛的程序

   C. 在扩大询问范围和获取额外解释之后,如果仍然存在重大疑问,且该疑问可能显示财务报表存在重大错报,注册会计师应当以消极方式提出结论或确定是否出具非无保留结论的报告

   D. 由于财务报表审阅业务提供的保证程度较低,当有理由相信所审阅的财务报表可能存在重大错报时,注册会计师实施的追加程序应当限于形成审阅结论所必需的程序

4. 审阅报告范围段的内容不应包括(  )。

   A. 所审阅财务报表的名称

   B. 审阅业务所依据的准则

   C. 审阅主要限于询问和实施分析程序,提供的保证程度低于审计

   D. 没有实施审计,因而不发表审计意见

5. 注册会计师在执行审阅业务过程中,如果认为存在重大的范围限制,且该范围限制的影响非常重大和广泛,以至于注册会计师认为不能提供任何程度的保证时,应出具的意见类型为(  )。

   A. 保留意见

   B. 带强调事项段的保留意见

   C. 无法提供任何保证

   D. 无法表示意见

6. ABC会计师事务所接受委托,对甲公司某项预测性财务信息进行审核。下列关于该项业务向预期使用者提供保证的说法中,不正确的是(  )。

   A. 对管理层采用假设的合理性提供有限保证

   B. 注册会计师对预测性财务信息的结果能否实现不提供任何程度的保证

   C. 对预测性财务信息是否依据假设恰当编制提供有限保证

   D. 对预测性财务信息是否按照适用的会计准则和相关会计制度的规定进行列报提供合理保证

7. 如果认为预测性财务信息的列报不恰当,下列关于注册会计师的做法中,不正确的是(  )。

   A. 应当考虑这些假设对审核报告的影响,出具保留意见

B. 应当考虑这些假设对审核报告的影响,出具否定意见

C. 应当考虑这些假设对审核报告的影响,出具无法表示意见

D. 解除业务约定

8. 下列关于预测性财务信息审核业务的说法中,不正确的是(　　)。

   A. 同一份预测性财务信息审核报告中出现有限和合理两种保证共存的情况

   B. 预测性财务信息审核对管理层采用假设的合理性提供有限保证

   C. 注册会计师应对预测性财务信息的结果能否实现发表恰当意见

   D. 注册会计师通常对预测性财务信息是否依据假设恰当编制提供合理保证

9. 下列描述的情形中,不属于预测性财务信息审核意见内容的是(　　)。

   A. 基本假设是否发现有不合理的

   B. 预测性财务信息能否实现

   C. 预测性财务信息是否依据这些假设编制

   D. 预测性财务信息是否按照适用的会计准则和相关会计制度的规定进行列报

10. 注册会计师在执行预测性财务信息审核时,出现(　　)的情况时,注册会计师应当解除业务约定,或出具无法表示意见的审核报告。

    A. 被审核单位施加的限制,导致一项或多项必要的审核程序无法实施

    B. 在预测性财务信息属于预测的情况下,如果认为一项重大假设不能为依据最佳估计假设编制的预测性财务信息提供合理基础

    C. 假设不能为预测性财务信息提供合理基础

    D. 在预测性财务信息属于规划的情况下,如果认为一项或者多项重大假设不能为依据推测性假设编制的预测性财务信息提供合理基础

## 二、多项选择题

1. 下列关于财务报表审阅业务的说法中,正确的有(　　)。

   A. 由于审阅程序有限,注册会计师只能获取支持有限保证的证据

   B. 执行财务报表审阅业务时,注册会计师通常无须对内部控制进行测试

   C. 注册会计师对审阅后的财务报表提供合理保证

   D. 执行财务报表审阅业务时,注册会计师通常无须对应收款项实施函证

2. A 会计师事务所拟承接甲上市公司 2023 年度的财务报表审阅业务,正在与被审验单位就业务约定条款商讨,业务约定书应当包括的内容有(　　)。

   A. 治理层对财务报表的责任

   B. 注册会计师对财务报表的审计责任

   C. 预期提交的报告样本

   D. 说明不能依赖财务报表审阅揭示错误、舞弊和违反法规行为

3. 注册会计师在确定审阅范围时,要遵守的依据有(　　)。

   A.《中国注册会计师审阅准则第 2101 号——财务报表审阅》

B. 职业判断

C. 业务约定条款

D. 企业会计准则

4. 制订审阅计划对注册会计师顺利完成审阅工作和控制审阅风险具有重要意义。下列陈述中,恰当的有(    )。

   A. 有助于注册会计师关注重点审阅领域、及时发现和解决潜在的问题

   B. 有助于注册会计师恰当地组织和管理审阅工作

   C. 有助于控制财务报表中的控制风险

   D. 有助于注册会计师协调与其他注册会计师和专家的工作

5. 注册会计师在确定审阅程序的性质、时间安排和范围时,应当考虑的因素有(    )。

   A. 以前期间执行财务报表审计或审阅所了解的情况

   B. 对被审阅单位及其环境的了解,包括适用的会计准则、相关会计制度、行业惯例

   C. 管理层的判断对特定项目的影响程度

   D. 各类交易和账户余额的重要性

6. 在财务报表审阅中,注册会计师应当向负责财务会计事项的人员询问(    )。

   A. 所有交易是否均以记录

   B. 财务报表是否按照指明的编制基础编制

   C. 被审阅单位业务活动、会计政策和行业惯例的变化

   D. 在实施审阅程序中所发现的问题

7. 下列各项中,属于财务报表审阅程序的有(    )。

   A. 询问被审阅单位采用的会计准则、相关会计制度、行业惯例

   B. 询问被审阅单位对交易和事项的确认、计量、记录和报告的程序

   C. 询问股东会、董事会以及其他类似机构决定采取的可能对财务报表产生影响的措施

   D. 实施分析程序,以识别异常关系和异常项目

8. 注册会计师一般在财务报表审阅业务中实施的程序有(    )。

   A. 控制测试                B. 询问

   C. 分析程序                D. 应收账款函证

9. 在财务报表审阅业务中,注册会计师可以出具保留结论的情形有(    )。

   A. 注册会计师注意到某些事项使其相信财务报表没有按照适用的会计准则和相关会计制度的规定编制,未能在所有重大方面公允反映被审阅单位的财务状况、经营成果和现金流量。这些事项虽然影响重大,但其影响尚未达到"非常重大和广泛"的程度,尚不足以导致注册会计师提出否定结论

   B. 注册会计师的审阅存在重大的范围限制,该范围限制虽然影响重大,但其影响尚未达到"非常重大和广泛"的程度,尚不足以导致注册会计师无法提供任何保证

   C. 如果存在重大的范围限制,且该范围限制的影响非常重大和广泛,以至于注册会计

师认为不能提供任何程度的保证
　D. 财务报表没有按照适用的会计准则和相关会计制度的规定编制,未能在所有重大方面公允反映被审阅单位的财务状况、经营成果和现金流量
10. 注册会计师接受委托审核预测性财务信息,应当就(　　)事项获取充分、适当的证据。
　A. 预测性财务信息能否实现或可实现的程度
　B. 管理层编制预测性财务信息所依据的最佳估计假设的合理性
　C. 预测性财务信息是否符合法律规定
　D. 财务信息已经恰当列报及所有重大假设已充分披露

### 三、判断题

1. 业务性质的差异是审计、审阅、相关服务这三类业务的最根本差异。（　　）
2. 在财务报表审阅业务中,注册会计师提供的保证水平高于在财务报表审计业务中提供的保证水平。（　　）
3. 审阅业务约定书应当包括适用的中国注册会计师审阅准则。（　　）
4. 在计划审阅工作时,注册会计师应当了解被审阅单位及其环境,或更新以前了解的内容。（　　）
5. 注册会计师在确定审阅程序的性质、时间和范围时,应当考虑以前期间执行财务报表审计或审阅所了解的情况。（　　）
6. 注册会计师应当主要通过询问和分析程序获取充分、适当的证据,作为得出审阅结论的基础。（　　）
7. 审阅报告中必须包括"注册会计师的责任"的段落。（　　）
8. 审阅结论的类型包括无保留结论、保留结论、无法提供任何保证结论。（　　）
9. 如果存在重大的范围限制且该范围限制的影响非常重大和广泛,以至于注册会计师认为不能提供任何程度的保证时,不应提供任何保证。（　　）
10. 注册会计师的审核范围受到限制可能是由于以下两方面的原因:①被审核单位施加的限制,导致一项或多项必要的审核程序无法实施;②外部环境因素导致的限制。
（　　）

# 第十章 相关服务业务

重点、难点讲解及典型例题

本章主要讲述了相关服务业务的主要特点；注册会计师开展相关服务业务的重要意义；相关服务业务的具体范围；代编财务信息和执行商定程序的相关程序、方法；代编财务信息和执行商定程序的相关报告格式。

1. 相关服务业务包括对财务信息执行商定程序、代编财务信息、税务服务、管理咨询以及会计服务等，它们共同构成了注册会计师业务的重要组成部分。

2. 相关服务业务的特点包括：①不提出鉴证结论；②不提出独立性要求；③应用的程序性质不同，方式相对简单。

3. 管理咨询业务具体包括：①与企业日常经营管理相关的管理咨询业务；②涉及企业购并重组中的管理咨询业务；③涉及企业争端分析与调查的管理咨询业务；④企业的风险管理咨询业务；⑤其他代理咨询服务；⑥其他特定领域的管理咨询业务。

4. 会计服务业务具体包括：①开业时的会计服务业务；②日常的会计服务业务；③结业时的会计服务业务；④特定领域或其他形式的会计服务业务。

5. 税务服务业务具体包括：①日常税务咨询业务；②特定领域或其他事项税务咨询业务。

6. 对财务信息执行商定程序是指注册会计师对特定财务数据、单一财务报表或整套财务报表等财务信息执行与特定主体商定的具有审计性质的程序，并就执行的商定程序及其结果出具报告。

7. 注册会计师执行商定程序业务，仅报告执行的商定程序及其结果，并不提出鉴证结论。

8. 代编财务信息业务是指注册会计师运用会计而非审计的专业知识和技能，代客户编制一套完整或非完整的财务报表，或代为收集、分类和汇总其他财务信息。

【例题10-1·多项选择题】 下列各项中，属于相关服务业务特点的有（  ）。
A. 不对注册会计师的独立性作出要求   B. 不提供任何鉴证结论
C. 应用的程序相对简单   D. 仅提供有限程度的保证
【答案】 ABC
【解析】 相关服务不提供有限保证。

【例题10-2·单项选择题】 下列各项中，通常不包括在执行商定程序业务运用的程序中的是(　　)。

  A．询问　　　　　B．观察　　　　　C．重新执行　　　　　D．重新计算

【答案】　C

【解析】　执行商定程序一般采用询问和分析、比较和其他核对方法、观察、检查及函证。

 教材课后习题答案

## 一、思考题

  1. 相关服务业务的特点包括：①不提出鉴证结论；②不提出独立性要求；③应用的程序性质不同，方式相对简单。

  2. 广泛开展相关服务业务，对于会计师事务所的生存和发展，以及整个注册会计师行业的不断壮大都具有十分重要的意义。中国注册会计师协会在《会计师事务所服务经济社会 发展新领域业务拓展工作方案》中指出：拓展会计师事务所新业务领域，是改善行业业务结构，推动会计师事务所做大做强、做精做专，加快形成大中小会计师事务所协同发展的合理布局，实现行业科学发展的重要举措；是缓解当前行业过度竞争、竞相压价问题的必要途径；也是落实中央经济工作会议精神、转变经济增长方式的现实需要。为此，中国注册会计师协会在《关于贯彻落实国务院办公厅转发财政部关于加快发展我国注册会计师行业若干意见的实施意见》(会协〔2010〕13 号)中特别指出了大力拓展注册会计师业务领域的实施意见，包括：研究推介新型业务；逐步建立非审计业务指导系统；加强新业务的专业技术指导；加快新业务人才的培养；积极开展新业务的试点工作；推动和跟踪相关立法和政策制定工作；总结和推广新业务实践经验，以及加强对新业务执业质量的监管等措施。

  3. 相关服务业务包括对财务信息执行商定程序、代编财务信息、税务服务、管理咨询以及会计服务等，它们共同构成了注册会计师业务的重要组成部分。

  4. 对财务信息执行商定程序的业务约定书的内容包括：①业务性质；②委托目的；③拟执行商定程序的财务信息；④拟执行的具体程序的性质、时间和范围；⑤预期的报告样本；⑥报告分发和使用的限制。

  5. 对财务信息执行商定程序的业务报告的内容包括：①标题；②收件人；③说明执行商定程序的财务信息；④说明执行的商定程序是与特定主体协商确定的；⑤说明已按照《中国注册会计师相关服务准则第 4101 号——对财务信息执行商定程序》的规定和业务约定书的要求执行了商定程序；⑥当注册会计师不具有独立性时，说明这一事实；⑦说明执行商定程序的目的；⑧列出所执行的具体程序；⑨说明执行商定程序的结果，包括详细说明发现的错误和例外事项；⑩说明所执行的商定程序并不构成审计或审阅，注册会计师不提出鉴证结论；⑪说明如果执行商定程序以外的程序，或执行审计或审阅，注册会计师

可能得出其他应报告的结果;⑫说明报告仅限于特定主体使用;⑬在适用的情况下,说明报告仅与执行商定程序的特定财务数据有关,不得扩展到财务报表整体;⑭注册会计师的签名和盖章;⑮会计师事务所的名称、地址及盖章;⑯报告日期。

6.代编财务信息业务与鉴证业务的区别见表10-1。

表10-1　　　　　　　代编财务信息业务与鉴证业务的区别

| 业务类型区别 | 代编财务信息 | 鉴证业务(以历史财务信息审计为例) |
| --- | --- | --- |
| 业务关系人 | 只涉及注册会计师和责任方两方关系人 | 涉及注册会计师、被审计单位和预期使用者三方关系人 |
| 业务关注的焦点 | 财务信息的收集、分类和汇总 | 财务信息的质量 |
| 保证程度 | 不对财务信息提供任何程度的保证 | 对财务报表不存在重大错报提供合理保证 |
| 独立性的要求 | 不对独立性提出要求,但如果不独立,应当在代编业务报告中说明这一事实 | 要求注册会计师从实质上和形式上独立于被审计单位 |
| 对象 | 可能是历史财务信息,也可能是预测性财务信息 | 历史财务信息,通常是历史财务报表 |
| 标准 | 客户指定的编制基础,可以是法定的,也可以是非法定的 | 适用的会计准则和相关会计制度 |
| 证据 | 对证据未提出要求 | 获取足以支持审计意见的充分、适当的审计证据 |
| 报告 | 如果注册会计师的姓名与代编财务信息相关联,需要出具代编业务报告,但在报告中不提出鉴证结论 | 以书面形式提供审计报告,并在报告中发表审计意见 |

7.代编财务信息业务的业务约定书的内容包括:

(1)业务的性质,包括说明拟执行的业务既非审计又非审阅,注册会计师不对代编的财务信息提出任何鉴证结论。

(2)说明不能依赖代编业务揭露可能存在的错误、舞弊和违反法规行为。

(3)客户提供的信息的性质。

(4)说明客户管理层应当对提供给注册会计师的信息的真实性和完整性负责,以保证代编财务信息的真实性和完整性。

(5)说明代编财务信息的编制基础,并说明将在代编财务信息和出具的代编业务报告中对该编制基础以及任何重大背离予以披露。

(6)代编财务信息的预期用途和分发范围。

(7)如果注册会计师的姓名与代编的财务信息相联系,说明注册会计师出具的代编业务报告的格式。

(8)业务收费。

(9)违约责任。

(10)解决争议的方法。

(11) 签约双方法定代表人或其授权代表的签字盖章,以及签约双方加盖的公章。

8. 注册会计师应当在代编财务信息中披露采用的编制基础和获知的重大背离,但不必报告背离的定量影响。

如果注意到存在重大错报,注册会计师应当尽可能与客户就如何恰当地更正错报达成一致意见。如果重大错报仍未得到更正,并且认为财务信息存在误导,注册会计师应当解除该项业务约定。

## 二、选择题

| 1 | 2 | 3 | 4 |
| --- | --- | --- | --- |
| C | B | D | C |

## 三、案例分析题

(1) 不完全符合,C 注册会计师应当出具代编资产负债表业务报告。

(2) 可以执行,虽然 C 注册会计师可能会因为密切关系或自身利益对独立性产生影响。但是对于代编财务信息业务,不对独立性提出要求,但如果不独立,应当在代编业务报告中说明这一事实。

(3) 略。

 思考与练习

## 一、单项选择题

1. 注册会计师接受委托代编财务信息,当其姓名与代编财务信息相关联时,注册会计师应当(   )。
   A. 拒绝接受委托
   B. 出具保留意见的报告
   C. 出具代编业务报告
   D. 通知报告使用人注意本业务属非鉴证业务

2. 注册会计师执行商定程序业务的对象是财务信息,这些财务信息涉及的范围很广,但通常不包括(   )。
   A. 可能是财务报表特定项目、特定账户或特定账户的特定内容
   B. 可能直接出现在财务报表或其附注中
   C. 可能是通过分析、累计、汇总等计算间接得出的
   D. 可能直接取自审计报告

3. 注册会计师在执行代编业务时,通常执行(   )程序。
   A. 阅读代编的财务信息
   B. 询问客户管理层,以评价所提供信息的可靠性和完整性

C. 评价内部控制

D. 验证重大事项

4. 以下关于代编业务与审计业务的区别中,错误的陈述是(　　)。

   A. 代编业务和审计业务都涉及注册会计师、责任方和预期使用者三方关系,但代编报告不提鉴证结论

   B. 代编业务不对财务信息提供任何程序的保证;而审计业务对财务报表不存在重大错报提供合理保证

   C. 代编业务的编制标准是客户指定的,可以是法定的,也可以是非法定的,而审计业务适用的标准是会计准则

   D. 代编业务对证据未提出要求,而审计业务要求获取足以支持结论的充分、适当的证据

5. 以下对商定程序业务的陈述中,不正确的是(　　)。

   A. 商定程序业务执行的程序是由注册会计师专业判断选定的

   B. 由于商定程序业务不以提供保证为目的,通常不对商定程序提出独立性要求

   C. 执行商定程序的对象(财务信息)因委托目的的不同而不同,需要注册会计师在业务约定中指明拟执行商定程序的具体财务信息

   D. 注册会计师在向委托人递交业务约定书时,应当附送一份预期的对财务信息执行商定程序报告样本

6. 注册会计师在执行代编业务过程中,如果注意到管理层提供的信息不正确、不完整或在其他方面不令人满意,注册会计师不应当(　　)。

   A. 考虑执行询问管理层、评价内部控制、验证任何事项以及验证任何解释等程序,并要求管理层提供补充信息

   B. 考虑执行验证任何事项以及验证任何解释等程序,鉴证管理层提供信息是否正确、是否完整

   C. 在管理层拒绝提供补充信息的情况下,解除该项业务约定

   D. 在管理层拒绝提供补充信息的情况下,告知客户解除业务约定的原因

7. 根据《中华人民共和国注册会计师法》的规定,注册会计师可以依法承办审计业务、其他鉴证业务和相关服务业务。下列关于对相关服务业务的理解中,正确的是(　　)。

   A. 如果某位注册会计师近2年仅从事执行商定程序业务,表明他停止执行注册会计师业务

   B. 注册会计师的审阅业务和税务服务业务均属于法定业务,非注册会计师不能办理

   C. 注册会计师执行的相关服务业务,是审计发展到一定阶段的必然产物

   D. 参加全国统一考试成绩合格的人员,从事代编财务报表业务满2年的可以申请注册

8. 下列业务中,不属于注册会计师"相关服务业务"的是(　　)。

   A. 担任某企业的常年会计顾问　　　　B. 对企业的财务报表实施审阅

C. 对企业会计政策的选择提供建议　　D. 为企业代编财务报表

9. 下列各项中,不属于相关服务业务特点的是(　　)。
   A. 不对注册会计师的独立性作出要求
   B. 不提供任何鉴证结论
   C. 应用的程序相对简单
   D. 仅提供有限程度的保证

10. 下列各项中,通常不包括在执行商定程序业务运用的程序的是(　　)。
    A. 询问　　　　　　　　　　　B. 观察
    C. 重新执行　　　　　　　　　D. 重新计算

## 二、多项选择题

1. 注册会计师接受委托代编财务信息,可能会出具代编业务报告的情况有(　　)。
   A. 注册会计师的姓名与代编财务信息相关联
   B. 注册会计师不具有独立性
   C. 管理层提供的信息不正确、不完整,并拒绝提供补充信息
   D. 代编财务信息存在与选定编制基础背离

2. 由于商定程序业务不以提供保证为目的,不属于鉴证业务,对注册会计师独立性的要求与鉴证业务有所不同。下列关于注册会计师执行商定程序业务的独立性的说法中,正确的有(　　)。
   A. 如果注册会计师不具有独立性,应当在商定程序业务报告中说明
   B. 如果要求注册会计师具有独立性,应当在商定程序业务报告中说明
   C. 通常不对商定程序业务提出独立性要求
   D. 注册会计师可以具有独立性,也可以不具有独立性,但必须在业务约定书中明确约定

3. 注册会计师执行的商定程序业务与执行鉴证业务存在很多方面的不同,其中包括(　　)。
   A. 执行商定程序通常不对独立性提出要求,执行鉴证业务必须具有独立性
   B. 执行商定程序通常不提供任何程度的保证,执行鉴证业务至少提供有限保证
   C. 执行商定程序通常以消极方式报告,执行鉴证业务通常以积极方式报告
   D. 执行商定程序通常不实施函证等程序,执行鉴证业务时一般应执行这些程序

4. 对财务信息执行商定程序的对象包括(　　)。
   A. 出现在财务报表或附注中的特定财务数据
   B. 单一的财务报表
   C. 整套财务报表
   D. 分析、汇总的财务数据

5. 注册会计师代编财务信息的编制基础包括(　　)。

A. 适用的会计准则和相关会计制度

B. 政府监管部门颁布的、特殊的财务信息要求

C. 客户治理层或管理层制定的考核要求和计算规则

D. 金融机构制定的贷款条款

6. 商定程序业务报告应当详细说明业务的目的和商定的程序,以便使用者了解所执行工作的性质和范围。商定程序业务报告应当包括的内容有(　　)。

A. 说明已按照准则的规定和业务约定书的要求执行了商定程序

B. 当注册会计师不具有独立性时,说明这一事实

C. 说明所执行的商定程序并不构成审计或审阅,注册会计师不提出鉴证结论

D. 说明报告仅限于特定主体使用

7. 代编业务也是注册会计师的业务内容之一。下列关于代编业务的叙述中,正确的有(　　)。

A. 代编业务的目标是注册会计师运用审计的专业知识和技能,代客户编制一套完整或非完整的财务报表,或代为收集、分类和汇总其他财务信息

B. 注册会计师执行代编业务使用的程序并不旨在、也不能对财务信息提出任何鉴证结论

C. 注册会计师执业规范准则不对代编业务提出独立性要求,但如果注册会计师不具有独立性,应当在代编业务报告中说明这一事实

D. 注册会计师可以出具代编业务报告

8. 下列关于注册会计师在代编业务开始前与客户进行沟通的事项中,表述恰当的有(　　)。

A. 客户可能并不清楚鉴证业务与代编业务的区别,注册会计师应当与客户认真沟通,识别出客户的真实需求和目的

B. 注册会计师必须在业务承接前明确地向客户指明代编业务的性质,即代编业务既非审计又非审阅,代编业务的程序不用于、也无法用来对代编的财务信息提出任何鉴证结论。同时,客户也不能依赖注册会计师的代编服务来揭露可能存在的错误、舞弊和违反法规的行为,或者内部控制存在的薄弱环节

C. 明确客户应当将哪些信息提供给注册会计师,并对这些信息的真实性、完整性承担责任,以确保注册会计师代编的财务信息是真实、完整的

D. 代编信息的预期用途、分发范围和代编业务报告

9. 注册会计师业务的重要组成部分包括(　　)服务业务。

A. 执行财务信息的商定程序　　　　B. 代编财务信息

C. 提供税务服务　　　　　　　　　D. 管理咨询服务

10. 下列关于代编财务信息业务与鉴证业务区别的说法中,正确的有(　　)。

A. 代编财务信息业务主要进行财务信息的收集、分类和汇总,而鉴证业务关注财务信息的质量

B. 代编财务信息业务只涉及注册会计师和责任方两方关系人,而鉴证业务涉及注册会计师、被审计单位和预期使用者三方关系人

C. 代编财务信息业务不对财务信息提供任何程度的保证,而鉴证业务对财务报表不存在重大错报提供合理保证

D. 两者都主要关注财务信息的完整性和准确性,只是在不同阶段进行

### 三、判断题

1. 如果代编财务信息存在与选定编制基础背离的情形,且客户坚持偏离选定的编制基础,注册会计师应当解除该业务约定。（　　）

2. 为了使委托人及其他特定主体了解商定程序业务与审计业务的区别以及商定程序业务报告的格式,注册会计师在向委托人递交业务约定书时,应当附送一份预期的报告样本,以免特定主体对注册会计师的工作及报告产生误解。（　　）

3. 注册会计师为客户提供的代编业务,属于服务业务,而不是鉴证业务。这就要求注册会计师在执行业务的过程应具有为客户服务的意识,因而不能具有独立性。（　　）

4. 因为注册会计师执行商定程序业务,仅报告执行的商定程序及其结果,并不提出鉴证结论,所以,报告使用者自行对注册会计师执行的商定程序及其结果作出评价,并根据注册会计师的工作得出自己的结论。（　　）

5. 当执行商定程序受到客观条件的限制时,注册会计师应当征得特定主体的同意来修改程序。由于程序是监管机构规定的,不能修改,注册会计师应在报告中说明执行程序所受到的限制,或者出具保留意见的报告。（　　）

6. 注册会计师必须在业务承接前明确地向客户指明代编业务的性质,即代编业务既非审计又非审阅,代编业务的程序一般不用于或只可部分用来对代编的财务信息提出鉴证结论。（　　）

7. 注册会计师执行鉴证业务和执行商定程序要求不同。如果接受委托执行商定程序,注册会计师应当与委托人进行协商,就执行商定程序达成一致,不必再签订业务约定书。（　　）

8. 如果注意到管理层提供的信息不正确、不完整或在其他方面不令人满意,注册会计师应当考虑执行询问客户管理层,以评价所提供信息的可靠性和完整性,评价内部控制,验证任何事项,验证任何解释这些程序,并要求管理层提供补充信息。如果管理层拒绝提供补充信息,注册会计师应当解除该项业务约定,并告知客户解除业务约定的原因。（　　）

9. 如果管理层拒绝提供补充信息,注册会计师应当解除该项业务约定,并告知客户解除业务约定的原因。（　　）

10. 注册会计师应当在代编财务信息中披露采用的编制基础和获知的重大背离,但不必报告背离的定量影响。（　　）

# 第二部分

## 思考与练习参考答案

# 第一章 注册会计师审计的产生和发展

## 一、单项选择题

| 1 | 2 | 3 | 4 | 5 | 6 | 7 | 8 | 9 | 10 |
|---|---|---|---|---|---|---|---|---|----|
| D | B | B | A | B | A | A | D | C | C |

## 二、多项选择题

| 1 | 2 | 3 | 4 | 5 | 6 | 7 | 8 | 9 | 10 |
|---|---|---|---|---|---|---|---|---|----|
| BC | ACD | ABD | ABCD | ABCD | ABCD | ABCD | BCD | ACD | AD |

## 三、判断题

| 1 | 2 | 3 | 4 | 5 | 6 | 7 | 8 | 9 | 10 |
|---|---|---|---|---|---|---|---|---|----|
| × | √ | × | √ | √ | √ | × | × | × | √ |

# 第二章 注册会计师审计职业

## 一、单项选择题

| 1 | 2 | 3 | 4 | 5 | 6 | 7 | 8 | 9 | 10 |
|---|---|---|---|---|---|---|---|---|----|
| D | D | B | B | D | B | A | B | A | A |

## 二、多项选择题

| 1 | 2 | 3 | 4 | 5 | 6 | 7 | 8 | 9 | 10 |
|---|---|---|---|---|---|---|---|---|----|
| ABCD | ABD | BD | ACD | BCD | ABD | ACD | AD | ABCD | ABC |

## 三、判断题

| 1 | 2 | 3 | 4 | 5 | 6 | 7 | 8 | 9 | 10 |
|---|---|---|---|---|---|---|---|---|----|
| × | √ | × | √ | √ | √ | × | × | × | √ |

## 第三章 销售与收款循环的审计

一、单项选择题

| 1 | 2 | 3 | 4 | 5 | 6 | 7 | 8 | 9 | 10 |
|---|---|---|---|---|---|---|---|---|----|
| A | D | C | D | C | A | B | A | D | D  |

二、多项选择题

| 1 | 2 | 3 | 4 | 5 | 6 | 7 | 8 | 9 | 10 |
|---|---|---|---|---|---|---|---|---|----|
| AC | ABCD | ABCD | ABC | ABCD | AB | ABCD | BCD | ABD | ABCD |

三、判断题

| 1 | 2 | 3 | 4 | 5 | 6 | 7 | 8 | 9 | 10 |
|---|---|---|---|---|---|---|---|---|----|
| × | √ | × | √ | √ | √ | × | √ | × | ×  |

## 第四章 采购与付款循环的审计

一、单项选择题

| 1 | 2 | 3 | 4 | 5 | 6 | 7 | 8 | 9 | 10 |
|---|---|---|---|---|---|---|---|---|----|
| D | B | D | A | A | A | A | B | D | C  |

二、多项选择题

| 1 | 2 | 3 | 4 | 5 | 6 | 7 | 8 | 9 | 10 |
|---|---|---|---|---|---|---|---|---|----|
| ABCD | BC | ABCD | ABD | ABD | ABCD | BCD | BCD | ACD | BCD |

三、简答题

(1) 检查当年固定资产增加的有关文件,涉及与期末账户余额相关的"存在"和"权利和义务"认定。

(2) 实地观察固定资产,并查明其产权的归属,涉及与期末账户余额相关的"存在""完整性""权利和义务"三项认定。

(3) 查明有无以固定资产担保或抵押等情况,涉及与期末账户余额相关的"权利和义务"和"完整性"认定。

(4) 审查提取折旧的方法是否适当,涉及与期末账户余额相关的"准确性、计价和分摊"认定。

# 第五章 生产与存货循环的审计

## 一、单项选择题

| 1 | 2 | 3 | 4 | 5 | 6 | 7 | 8 | 9 | 10 |
|---|---|---|---|---|---|---|---|---|---|
| B | C | C | A | A | C | D | D | A | A |

## 二、多项选择题

| 1 | 2 | 3 | 4 | 5 | 6 | 7 | 8 | 9 | 10 |
|---|---|---|---|---|---|---|---|---|---|
| ABCD | ABC | ACD | BD | BD | ABC | ABD | ABD | BCD | ABCD |

## 三、简答题

存在的缺陷和可能导致的错弊包括：

（1）存货的保管和记账职责未分离：可能导致存货保管人员监守自盗，并通过篡改存货明细账来掩饰舞弊行为。

（2）仓库保管员收到存货时不填制入库通知单，而是以验收单作为记账依据：可能导致一旦存货数量或质量上发生问题，无法明确是验收部门还是仓库保管人员的责任。

（3）领取原材料未进行审批控制：可能导致原材料的领用失控，造成原材料的浪费或被贪污及生产成本的虚增。

（4）领取辅助材料时未使用领料单和进行审批控制，对剩余的辅助材料缺乏控制：可能导致辅助材料的领用失控，造成辅助材料的浪费或被贪污及生产成本的虚增。

（5）未实行定期盘点制度：可能导致存货出现账实不符现象，且不能及时发现计价不准确。

# 第六章 货币资金的审计

## 一、单项选择题

| 1 | 2 | 3 | 4 | 5 | 6 | 7 | 8 | 9 | 10 |
|---|---|---|---|---|---|---|---|---|---|
| C | D | B | D | D | B | A | D | D | A |

## 二、多项选择题

| 1 | 2 | 3 | 4 | 5 | 6 | 7 | 8 | 9 | 10 |
|---|---|---|---|---|---|---|---|---|---|
| BD | ABD | AC | ABCD | AD | BCD | ABD | ABCD | ABC | ABCD |

### 三、判断题

| 1 | 2 | 3 | 4 | 5 | 6 | 7 | 8 | 9 | 10 |
|---|---|---|---|---|---|---|---|---|---|
| × | √ | × | √ | × | √ | √ | √ | √ | √ |

### 四、案例讨论题

（1）银行存款的内部控制有严重缺陷：如果会计主管与财务人员乙同时出差，则空白支票、签署支票的个人名章、财务专用章、银行预留印鉴将全部落入会计副主管之手。同样地，如果会计副主管与财务人员乙同时出差，空白支票、签署支票的个人名章、财务专用章、银行预留印鉴将全部落入会计主管之手，这就违反了签发支票的全部印鉴不能由一人掌管的规定，难以防止银行存款被贪污的情况。

建议：会计主管、会计副主管外出期间，分别指定与货币资金支付无关的专门人员掌管印鉴。

（2）货币资金的支付制度存在严重缺陷：一是未对会计主管的审批权限作出任何限制，违反了"对重要货币资金支付业务，应当实行集体决策"的规定，无法防范贪污、侵占、挪用货币资金的行为；二是货币资金支付在前，复核在后，最多能及时发现问题，而无法防止问题的发生。

建议：由董事会指定会计主管的审批权限，对超过权限的货币资金支付业务，实行集体决策；支付货币资金之前，应由专职的复核人员进行复核，复核货币资金的批准范围、权限、程序、手续、金额、支付方式、支付单位等是否妥当，复核无误后交由出纳人员办理支付。

## 第七章 对舞弊和法律法规的考虑

### 一、单项选择题

| 1 | 2 | 3 | 4 | 5 | 6 | 7 | 8 | 9 | 10 |
|---|---|---|---|---|---|---|---|---|---|
| C | C | B | A | B | D | A | C | A | C |

### 二、多项选择题

| 1 | 2 | 3 | 4 | 5 | 6 | 7 | 8 | 9 | 10 |
|---|---|---|---|---|---|---|---|---|---|
| ABC | BC | ABCD | ABCD | AB | ABCD | ABCD | ABCD | ABCD | ABCD |

### 三、判断题

| 1 | 2 | 3 | 4 | 5 | 6 | 7 | 8 | 9 | 10 |
|---|---|---|---|---|---|---|---|---|---|
| √ | × | × | √ | × | × | × | √ | √ | × |

# 第八章　其他特殊项目的审计

## 一、单项选择题

| 1 | 2 | 3 | 4 | 5 | 6 | 7 | 8 | 9 | 10 |
|---|---|---|---|---|---|---|---|---|---|
| B | B | B | A | D | B | D | A | A | C |

## 二、多项选择题

| 1 | 2 | 3 | 4 | 5 | 6 | 7 | 8 | 9 | 10 |
|---|---|---|---|---|---|---|---|---|---|
| ABC | ABCD | ABCD | ABCD | ABCD | ABCD | ABCD | ABCD | ABCD | ABC |

## 三、判断题

| 1 | 2 | 3 | 4 | 5 | 6 | 7 | 8 | 9 | 10 |
|---|---|---|---|---|---|---|---|---|---|
| × | √ | × | × | √ | √ | √ | √ | √ | √ |

## 四、案例讨论题

（1）下列情况下，注册会计师应对 Y 公司 2023 年度财务报表的期初余额作适当审计：①首次接受委托涉及的财务报表期初余额；②在需要发表审计意见的当期会计报表中使用了前期财务报表的数据。审计的目的是：①证实期初余额是否存在对本期财务报表有重大影响的错报或漏报；②证实上期期末余额已正确结转至本期，或者已恰当地重新表述；③证实上期会计政策是否恰当、是否一贯遵循、变更是否合理；④证实上期期末存在的或有事项是否已恰当处理。

（2）B 会计师事务所通常可通过向 A 会计师事务所调阅审计档案来了解期初余额情况。应了解的主要内容包括：第一，通过协商查阅前任注册会计师的审计工作底稿，以获取有关期初余额的审计证据，并通过了解前任的专业胜任能力，判断前任所获证据的充分性和适当性。第二，了解前任注册会计师对上期财务报表出具的审计意见类型。如果是非标准审计报告，应查清原因，并关注其中与本期财务报表有关的部分。

（3）如果 A 会计师事务所在 2022 年度审计报告中提及的保留事项对本期财务报表的影响已经消除，B 会计师事务所可对 2023 年度财务报表出具无保留意见。

（4）L 注册会计师不能签发 Y 公司 2023 年度财务报表的审计报告。这是因为 L 注册会计师的转所手续直至 2024 年 5 月才办完，而 B 会计师事务所对 Y 公司 2023 年度财务报表的审计报告需要在 2024 年 4 月签发，此时 L 注册会计师的工作关系仍在 A 会计师事务所。

# 第九章 审阅和其他鉴证业务

## 一、单项选择题

| 1 | 2 | 3 | 4 | 5 | 6 | 7 | 8 | 9 | 10 |
|---|---|---|---|---|---|---|---|---|----|
| C | A | C | A | C | C | C | C | B | A |

## 二、多项选择题

| 1 | 2 | 3 | 4 | 5 | 6 | 7 | 8 | 9 | 10 |
|---|---|---|---|---|---|---|---|---|----|
| ABD | CD | ABC | ABD | ABCD | ABCD | ABCD | BC | AB | BD |

## 三、判断题

| 1 | 2 | 3 | 4 | 5 | 6 | 7 | 8 | 9 | 10 |
|---|---|---|---|---|---|---|---|---|----|
| × | × | × | √ | √ | √ | × | × | √ | √ |

# 第十章 相关服务业务

## 一、单项选择题

| 1 | 2 | 3 | 4 | 5 | 6 | 7 | 8 | 9 | 10 |
|---|---|---|---|---|---|---|---|---|----|
| C | D | A | A | A | B | C | B | D | C |

## 二、多项选择题

| 1 | 2 | 3 | 4 | 5 | 6 | 7 | 8 | 9 | 10 |
|---|---|---|---|---|---|---|---|---|----|
| ABD | AC | AB | ABCD | ABCD | ABCD | BCD | ABCD | ABCD | ABC |

## 三、判断题

| 1 | 2 | 3 | 4 | 5 | 6 | 7 | 8 | 9 | 10 |
|---|---|---|---|---|---|---|---|---|----|
| × | √ | × | √ | × | × | × | √ | √ | √ |

## 第三部分

# 综合案例分析题、
# 模拟测试题及其参考答案

# 综合案例分析题

1. A注册会计师负责对甲公司2023年12月31日的财务报告内部控制进行审计。A注册会计师了解到,甲公司将客户验货签收作为销售收入确认的时点。部分与销售相关的控制内容摘录如下:

(1) 每笔销售业务均需与客户签订销售合同。

(2) 赊销业务需由专人进行信用审批。

(3) 仓库只有在收到经批准的发货通知单时才能供货。

(4) 负责开具发票的人员无权修改开票系统中已设置好的商品价目表。

(5) 财务人员根据核对一致的销售合同、客户签收单和销售发票编制记账凭证并确认销售收入。

(6) 每月末,由独立人员对应收账款明细账和总账进行调节。

要求:

(1) 针对上述事项(1)至事项(6)所列控制,逐项指出是否与销售收入的发生认定直接相关。

(2) 从所选出的与销售收入的发生认定直接相关的控制中,选出一项最应当测试的控制,并简要说明理由。

2. A注册会计师负责对甲公司2023年度财务报表进行审计。在审计过程中,A注册会计师对甲公司销售业务流程内部控制各环节进行了解、识别和评估。部分与销售业务流程相关的内部控制内容摘录如下:

(1) 每笔赊销业务均由信用管理经理对赊销信用进行审核;对超过公司信用额度的,还需要总经理审核或公司集体决策。

(2) 每笔销售业务均由销售经理根据销售政策审核。

(3) 仓库部门根据已批准的销售单供货,并且编制连续编号的出库单。

(4) 发运部门按照审核批准的销售单供货。

(5) 负责开具发票的人员在编制每张销售发票之前,独立检查是否存在发运凭证和相应的经批准的销售单,并根据已授权批准的商品价目表的价格开具销售发票。

(6) 记账会计根据发运凭证、销售单和销售发票编制记账凭证并确认当期主营业务收入。

要求:

(1) 针对事项(1)至事项(6)所列控制,请逐项指出是否与营业收入相关,如相关,指出其主要与营业收入的什么认定相关。

(2) 从选出的与营业收入的发生认定直接相关的控制中,选出一项最应当测试的控制,简要说明理由。

3. ABC 会计师事务所接受委托审计甲股份有限公司(以下简称甲公司)2023 年的财务报表,A 注册会计师作为审计项目合伙人负责该项目并对财务报表发表审计意见。A 注册会计师对甲公司 2023 年度财务报表进行审计。甲公司 2023 年度未发生购并、分立和债务重组行为,供产销形势与上年相当。甲公司提供的未经审计的 2023 年度合并财务报表附注的部分内容如下:

(1) 坏账核算的会计政策:坏账核算采用备抵法。坏账准备按期末应收账款余额的 5% 计提。资产减值损失明细表显示甲公司 2023 年已经计提的坏账准备是 530 万元。

(2) 甲公司应收账款账龄情况见表 1。

表 1　　　　　　　　　　　　应收账款账龄分析表

金额单位:万元

| 账　龄 | 2023 年 1 月 1 日 | 2023 年 12 月 31 日 |
| --- | --- | --- |
| 1 年以内 | 8 392 | 10 915 |
| 1~2 年 | 1 186 | 1 399 |
| 2~3 年 | 1 161 | 1 365 |
| 3 年以上 | 1 421 | 2 874 |
| 合计 | 12 160 | 16 553 |

要求:

(1) 请依据以上资料分析甲公司 2023 年 12 月 31 日应收账款坏账准备估计是否恰当,简要说明理由,并指出影响资产负债表应收账款项目的相关认定。

(2) 请依据甲公司应收账款账龄分析表分析是否存在错报,并简要说明理由。

4. A 注册会计师负责审计甲公司 2023 年度财务报表。在对甲公司的应付账款项目进行审计时,根据需要,决定对甲公司下列四个明细账户(表 2)中的两个进行函证。

表 2　　　　　　　　　　　　甲公司四个明细账户

单位:元

| 项　目 | 应付账款年末余额 | 本年度供货总额 |
| --- | --- | --- |
| A 公司 | 42 650 | 66 100 |
| B 公司 | — | 2 880 000 |
| C 公司 | 85 000 | 95 000 |
| D 公司 | 289 000 | 3 032 000 |

要求:

(1) 针对应付账款,A 注册会计师拟实施分析程序识别和评估其重大错报风险,分析程序的内容有哪些?

(2) A 注册会计师应选择哪两位供应商进行函证?为什么?

5. A 注册会计师负责对甲公司 2023 年度财务报表进行审计。甲公司为玻璃制造企业,2023 年年末存货余额占资产总额比重重大。存货包括玻璃、煤炭、烧碱、石英砂,其中 60% 的玻璃存放在外地公用仓库。甲公司对存货核算采用永续盘存制,与存货相关的内部控制比较薄弱。甲公司拟于 2023 年 11 月 25 日至 27 日盘点存货,盘点工作和盘点监督工作分别由熟悉相关业务且具有独立性的人员执行。存货盘点计划的部分内容摘录如下:

(1) 存货地点、类型、比例和盘点时间见表 3。

表 3　　　　　存货地点、类型、比例和盘点时间

| 地点 | 存货类型 | 估计占存货总额的比例 | 盘点时间 |
| --- | --- | --- | --- |
| A 仓库 | 烧碱、煤炭 | 烧碱 10%、煤炭 5% | 2023 年 11 月 25 日 |
| B 仓库 | 烧碱、石英砂 | 烧碱 10%、石英砂 10% | 2023 年 11 月 26 日 |
| C 仓库 | 玻璃 | 玻璃 26% | 2023 年 11 月 27 日 |
| 外地公用仓库 | 玻璃 | 玻璃 39% | — |

(2) 存放在外地公用仓库存货的检查,对存放在外地公用仓库的玻璃,检查公用仓库签收单,请公用仓库自行盘点,并提供 2023 年 11 月 27 日的盘点清单。

(3) 存货数量的确定方法:对于烧碱、煤炭和石英砂等堆积型存货,采用观察以及检查相关的收、发、存凭证和记录的方法确定存货数量;对于存放在 C 仓库的玻璃,按照包装箱标明的规格和数量进行盘点,并辅以适当的开箱检查。

(4) 盘点标签的设计、使用和控制对存放在 C 仓库玻璃的盘点,设计预先编号的一式两联的盘点标签。使用时,由负责盘点存货的人员将一联粘贴在已盘点的存货上,另一联由其留存;盘点结束后,连同存货盘点表交存财务部门。

(5) 盘点结束后,对出现盘盈或盘亏的存货,由仓库保管员将存货实物数量和仓库存货记录调节相符。

要求:针对上述存货盘点计划第(1)至第(5)项,逐项判断上述存货盘点计划是否存在缺陷。如果存在缺陷,简要提出改进建议。

6. XYZ 会计师事务所接受委托对 N 股份有限公司(N 股份有限公司系煤炭生产企业,存货主要是煤)2023 年度的财务报表进行审计。根据审计计划的要求,由审计小组中的 L 注册会计师负责对 N 公司的存货进行监盘。在观察 N 公司的盘点过程后,L 注册会计师正在考虑与抽查相关的问题。请指出 L 注册会计师应就以下问题作出何种专业判断:

(1) 对于煤这种存货通常采用何种审计程序实施监盘?

(2) 可供选择的监盘程序包括哪些方式?在不同的方式下,对盘点结果进行抽查的

目的分别是什么?

(3) 对于将要抽查测试的存货项目,L注册会计师是否应当与N公司进行沟通? 如未能观察到N公司对重要存货的盘点,L注册会计师应实施何种程序?

(4) 对于通过实施抽查程序发现的差异,L注册会计师应实施何种审计程序?

(5) 存货盘点表与存货监盘记录哪一个更可靠?

7. C注册会计师正在拟订对Q公司存货的监盘计划,由助理人员实施监盘程序。

(1) C注册会计师在制订监盘计划时,应与Q公司沟通,确定抽查的重点。

(2) 对已作销售处理但尚未发货的存货,未单独摆放。C注册会计师未要求纳入盘点范围,助理人员也未实施其他审计程序。

(3) 在抽查存货盘点结束时,助理人员从存货实物选取项目追查至存货盘点记录,目的是测试存货盘点记录的完整性。

(4) Q公司的一批重要存货,已经被银行质押,助理人员通过电话询问了其真实性。

(5) 对Q公司存放在露天的原材料——钢材,助理人员认为全部过磅工作量大,仅检查原材料的收发记录。

(6) Q公司有一批辐射性化学品,无法进行正常监盘,助理人员仅询问了相关人员就确认了这批化学品的存在。

要求:针对事项(1)～(6),分别指出监盘计划和监盘工作有无不妥之处,若有,请予以更正。

8. 注册会计师在对被审计单位存货进行监盘时,需要运用相关的职业判断,请回答下列问题:

(1) 注册会计师可供选择的监盘程序包括哪些?

(2) 对于将要检查的存货项目,注册会计师是否应当与被审计单位进行沟通?

(3) 对于通过实施检查程序发现的差异,注册会计师应实施何种审计程序?

(4) 存货监盘结束前注册会计师应该怎么做?

9. 某注册会计师接受委托,对常年审计客户丙公司2023年度财务报表进行审计。丙公司为玻璃制造企业,存货主要有玻璃、烧碱和煤炭,其中少量玻璃存放于外地公用仓库。另有丁公司部分水泥存放于丙公司的仓库。丙公司拟于2023年12月29日至31日盘点存货,以下是注册会计师撰写的存货监盘计划的部分内容。

**存货监盘计划**

一、存货监盘目标

检查丙公司2023年12月31日存货数量是否真实、完整。

二、存货监盘范围

2023年12月31日库存的所有存货,包括玻璃、煤炭、烧碱和水泥。

三、监盘时间

存货监盘与检查时间均为2023年12月31日。

四、存货监盘的主要程序

1. 与管理层讨论存货监盘计划。

2. 观察丙公司盘点人员是否按照计划盘点。

3. 检查相关凭证以证实盘点截止日前所有已确认为销售但尚未装运出库的存货均已纳入盘点范围。

4. 对于存放外地公用仓库的玻璃,主要实施检查货运文件、出库记录等替代程序。

要求:

(1) 请指出存货监盘计划中的目标、范围和时间存在的错误,并简要说明理由。

(2) 请判断存货监盘计划中列示的主要程序是否恰当,如不恰当,请予以修改。

10. 在对 G 公司 2023 年度会计报表进行审计时,M 注册会计师负责审计货币资金项目。G 公司在总部和营业部均设有出纳部门。为顺利监盘库存现金,M 注册会计师在监盘前一天通知 G 公司会计主管人员做好监盘准备。考虑到出纳人员的日常工作安排,对总部和营业部库存现金的监盘时间分别定在上午 10 点和下午 3 点。监盘时,出纳人员把现金放入保险柜,并将已办妥现金收付手续的交易登入现金日记账,结出现金日记账余额;然后,M 注册会计师当场盘点现金,在与现金日记账核对后填写"库存现金盘点表",并在签字后形成审计工作底稿。

要求:请指出上述库存现金监盘工作中有哪些不当之处,并提出改进建议。

11. ABC 会计师事务所承接了甲公司 2023 年度财务报表审计工作,A、B 注册会计师在审计银行存款过程中,有如下事项:

(1) 与银行存款函证相关审计计划部分内容如下:A、B 注册会计师向甲公司在本期存过款的银行发函,但不包括零余额账户和在本期内注销的账户;A、B 注册会计师直接认定银行在回函工作中不会与企业合谋向注册会计师发出带有虚假陈述的回函,认定无须考虑与此相关的舞弊导致的重大错报风险;A、B 注册会计师决定以 ABC 会计师事务所的名义向银行寄发询证函。

(2) ABC 会计师事务所收到 A 银行回函后,发现 A 银行回函表明企业银行存款日记账金额与回函金额有差异。

(3) E 银行账户的银行对账单余额为 1 585 000 元,甲公司银行存款日记账余额为 1 665 000 元,在检查该账户银行存款余额调节表时,A、B 注册会计师注意到以下事项:在途存款 150 000 元;未提现支票 50 000 元;未入账的银行存款利息收入 45 000 元;未入账的银行代扣水电费 25 000 元。

要求:

(1) 请针对事项(1),指出银行存款函证相关审计工作计划中的不当之处。并简单说明理由。

(2) 针对事项(2)中函证回函所表明的差异,分析产生该差异的主要原因。

(3) 针对甲公司 A 银行账户的银行对账单余额与银行存款日记账余额不符,注册会计师实施的最有效的审计程序是什么?

(4) 针对事项(3),请填写银行存款余额调节表(表4)。假定不考虑其他因素,请指出 E 银行账户审定后的金额是多少。

表 4　　　　　　　　　　　　银行存款余额调节表
2023 年 12 月 31 日　　　　　　　　　　　　单位:元

| 银行调节项目 | 金　额 | 企业调节项目 | 金　额 |
| --- | --- | --- | --- |
| 银行对账单余额 |  | 银行存款日记账余额 |  |
| 加:企业已收,银行未收 |  | 加:银行已收,企业未收 |  |
| 减:企业已付,银行未付 |  | 减:银行已付,企业未付 |  |
| 实际存款金额 |  | 实际存款金额 |  |

12. ABC 会计师事务所于 2024 年 2 月 12 日首次承接了 X 公司(属于上市公司) 2023 年度财务报表审计业务,委派 A、B 注册会计师负责审计。A、B 注册会计师向前任了解情况,并阅读了前任审计工作底稿。得知 X 公司已经 2 年连续亏损,如果继续亏损可能导致退市的严重后果,但前任注册会计师对管理层、治理层诚信评价很高。注册会计师 A、B 在审计中了解到 X 公司 2023 年年末与一家未经本会计师事务所及其他会计师事务所审计的客户发生了大额销售交易,从而扭转了上年亏损的局面,出现少额盈利。请回答下列问题:

(1) A、B 注册会计师能否直接假定 X 公司收入存在舞弊风险?

(2) 一般而言,A、B 注册会计师应对舞弊的总体应对措施包括哪些?

(3) A、B 注册会计师了解到 X 公司管理层凌驾于控制之上的舞弊风险很大,A、B 注册会计师的具体审计思路是怎样的?

13. 已知:

(1) 甲公司拥有 3 家子公司,分别生产不同的饮料产品。甲公司所处行业整体竞争激烈,市场处于饱和状态,同行业公司的主营业务收入年增长率低于 5%,但甲公司董事会仍要求管理层将 2023 年度主营业务收入增长率确定为 8%。管理层编制的甲公司 2023 年度财务报表显示,已按计划实现收入。

(2) 甲公司管理层除领取固定工资外,其奖金金额与当年完成主营业务收入的情况挂钩。

(3) 在以前年度审计中,A 注册会计师没有发现甲公司收入确认方面存在舞弊行为,因此,在 2023 年度审计中,A 注册会计师未将收入确认作为由舞弊导致的重大错报风险领域。

(4) 在对日常会计核算过程中编制的会计分录以及编制财务报表过程中作出的其他调整进行测试时,A 注册会计师向参与财务报告编制过程的人员询问了与处理会计分录和其他调整相关的不恰当或异常的活动。

要求:

(1) 针对事项(1)和事项(2),分析甲公司是否存在舞弊风险因素,并简要说明理由。

(2) 针对事项(3),分析 A 注册会计师未将收入确认作为由舞弊导致的重大错报风险领域是否适当,并简要说明理由。

(3) 针对事项(4),简要说明 A 注册会计师除实施询问程序外,还应当实施哪些程序。

14. A 公司是一家集种猪繁育、生猪养殖、屠宰加工、肉制品深加工及物流配送于一体的企业。M 事务所所负责审计 A 公司 2023 年度财务报表,委派注册会计师李某担任项目合伙人。在审计过程中,注册会计师遇到下列事项:

(1) A 公司所处行业整体竞争激烈,市场处于饱和状态,同行业公司的主营业务收入增长率低于 5%,但 A 公司董事会仍要求管理层将 2023 年度主营业务收入增长率确定为 8%,管理层编制的 A 公司 2023 年度财务报表显示,已按计划实现收入。

(2) A 公司因一项海外投资决策失误于 2022 年发生巨额亏损,导致银行借款申请展期,按协议约定,如 2023 年度不能扭亏为盈,A 公司将以一条主要生产线偿还借款。

(3) 在以前年度审计中,注册会计师李某未将收入确认为由舞弊导致的重大错报风险领域。

要求:

(1) 针对事项(1)和事项(2),分析 A 公司是否存在舞弊风险因素,并简要说明理由。

(2) 针对事项(3),分析注册会计师李某未将收入确认为由舞弊导致的重大错报风险领域是否适当,并简要说明理由。

15. D 集团公司拥有 A 公司等 3 家子公司。ABC 会计师事务所负责审计 D 集团公司 2023 年度财务报表,对 3 家子公司的审计或审阅工作由组成部分注册会计师(非 ABC 会计师事务所)执行。集团项目组在审计工作底稿中记录了对参与组成部分注册会计师工作的考虑,部分内容摘录见表 5。

表 5　　　　　　　　　　　　　部分内容摘录

| 组成部分 | 是否为重要组成(是/否) | 确定为重要组成的原因 | 拟执行工作的类型 | 对参与组成部分注册会计师工作的考虑 |
|---|---|---|---|---|
| A 公司 | 是 | 具有可能导致集团财务报表发生重大错报的特别风险 | 审计 | 参加组成部分注册会计师实施的风险评估程序,根据对组成部分注册会计师的了解,拟不再参加进一步审计程序 |
| B 公司 | 否 | | 审阅 | 根据对组成部分注册会计师的了解,拟不参与组成部分注册会计师的工作 |

要求:

(1) 逐项指出集团项目组对参与组成部分注册会计师工作的考虑是否恰当。如不恰当,简要说明理由。将答案填于表 6 内。

表 6　　　　　集团项目组对参与组成部分注册会计师工作的考虑

| 组成部分 | 是否恰当(是/否) | 理由 |
|---|---|---|
| | | |
| | | |

(2) C公司是具有财务重大性的组成部分。请回答集团项目组是否应当参与组成部分注册会计师的风险评估工作。如果参与,至少应当实施哪些程序?

16. ABC会计师事务所拟承接D集团2023年财务报表审计业务,同时拟指派A注册会计师为D集团项目合伙人。相关资料如下:D集团持有合营企业40%的股权,2023年度按权益法核算确认的投资收益占当年审计前利润总额的30%;合营企业2023年度财务报表由其他注册会计师审计。

要求:如果A注册会计师拟参与其他注册会计师对合营企业的风险评估工作,指出其通常应当实施哪些审计程序。

17. A和B注册会计师首次接受委托,负责审计上市公司甲公司2023年度财务报表。相关资料如下:

资料一:甲公司持有联营企业40%的股权,2023年度按权益法核算确认的投资收益占当年未审利润总额的30%。联营企业2023年度财务报表由其他注册会计师审计。

资料二:A注册会计师从固定资产明细账的期初余额中选取样本,检查采购合同和发票等原始单证,以获取与固定资产原值的期初余额相关的各项认定的审计证据。

资料三:B注册会计师对主营业务收入的发生认定进行审计,编制了审计工作底稿,部分内容摘录见表7(金额单位:万元):

表7　　　　　　　　　　　部分内容摘录

| 记账凭证日期 | 记账凭证编号 | 记账凭证金额 | 发票日期 | 出库单日期 |
| --- | --- | --- | --- | --- |
| 2022年1月5日 | 转字10 | 12 | 2023年1月8日 | 2023年1月8日 |
| 2022年2月20日 | 转字30 | −120 | 2023年2月20日 | 不适用 |
| 2022年2月28日 | 转字45 | 7 | 2023年2月27日 | 2023年2月27日 |
| 2022年3月20日 | 转字40 | 8 | 2023年3月19日 | 2023年3月19日 |
| (略) | — | — | — | — |
| 2022年11月3日 | 转字4 | 10 | 2023年11月2日 | 2023年11月2日 |
| 2022年11月15日 | 转字28 | 200 | 2023年11月14日 | 2023年11月14日 |
| 2022年12月10日 | 转字50 | 250 | 2023年12月10日 | 2023年12月10日 |

审计说明:
(1)根据销售合同约定,在客户收到货物、验收合格并签发收货通知后,甲公司取得收取货款的权利。审计中已检查销售合同。
(2)已检查记账凭证日期、发票日期和出库单日期,未发现异常。发票和出库单中的其他信息与记账凭证一致。
(3)11月转字28号和12月转字50号记账凭证反映的销售额较高,财务经理解释系调整售价所致。
(4)2月转字30号记账凭证反映,甲公司在2022年度销售并确认收入的一笔交易,于2023年2月发生销售退回。甲公司未按规定调整2022年度财务报表,前任注册会计师于2023年3月对甲公司2022年度财务报表出具了标准审计报告。

资料四:因主导产品不符合国家环保要求,政府部门于 2023 年 12 月要求甲公司在 2024 年 9 月 30 日前停止生产和销售该类产品。A 和 B 注册会计师复核了管理层对持续经营能力作出的评估和拟采取的应对措施,认为在编制财务报表时运用持续经营假设是适当的,但可能导致对持续经营能力产生重大疑虑的事项或情况存在重大不确定性。甲公司已在财务报表附注中作出充分披露。

要求:

(1) 针对资料一,如果 A 和 B 注册会计师拟参与其他注册会计师对联营企业的风险评估工作,指出通常应当实施哪些审计程序。

(2) 针对资料二,假定不考虑其他条件,就给出的与固定资产原值的期初余额相关的认定,逐项指出 A 注册会计师实施的审计程序是否可以获取充分、适当的审计证据;如果不能获取充分、适当的审计证据,指出针对这些认定应当实施的一项主要实质性程序和审计路径起点。

(3) 针对资料三中的审计说明第(1)至(3)项,逐项指出注册会计师实施的审计程序中存在的不当之处,并简要说明理由。

(4) 针对资料三中的审计说明第(4)项,假定不考虑其他条件,如果拟对 2023 年度财务报表出具标准审计报告,按照《中国注册会计师审计准则第 1511 号——比较数据》的要求,指出管理层和注册会计师分别应当采取哪些措施。

(5) 假定只存在资料四所述情况,代为续编以下审计报告。

**审计报告**

甲公司全体股东:

(引言段略)

一、管理层对财务报表的责任(略)

二、注册会计师的责任(略)


××会计师事务所                                           中国注册会计师:A

(签名并盖章)

18. 公开发行 A 股的乙股份有限公司(以下简称乙公司)系 ABC 会计师事务所的常年审计客户。C 和 D 注册会计师负责对乙公司 2023 年度财务报表进行审计,在对乙公司的审计过程中,C 和 D 注册会计师注意到以下事项:

(1) 乙公司于 2023 年 1 月 1 日售出大型设备一套,协议约定采用分期收款方式,从 2023 年起,分 5 年分期收款,每年 1 000 万元,于每年年末收取,合计 5 000 万元,成本为 3 000 万元。不考虑增值税。假定销货方在销售成立日应收金额的公允价值为 4 000 万元,银行同期贷款利率为 5%。乙公司在 2023 年末确认收入,乙公司的会计处理如下:

借:银行存款                                                        10 000 000
　　贷:长期应收款                                                        10 000 000

借：分期收款发出商品　　　　　　　　　　　　　　　　　　　　　　30 000 000
　　　贷：库存商品　　　　　　　　　　　　　　　　　　　　　　　　30 000 000

(2) 乙公司于2023年10月20日与A公司签订一项购销合同,合同规定,乙公司为A公司建造安装两台电梯。合同价款为1 000万元,成本为800万元。按合同规定,A公司在乙公司交付商品前预付价款的20%,其余价款将在乙公司将商品运抵A公司并安装检验合格后才予以支付,于发出商品时开出增值税专用发票。乙公司于本年度12月25日将完成的商品运抵A公司,并收到20%的款项,预计于次年1月31日全部安装完成。乙公司确认了1 000万元的收入,结转成本800万元。乙公司的会计处理如下：

借：银行存款　　　　　　　　　　　　　　　　　　　　　　　　　　2 000 000
　　　贷：预收账款　　　　　　　　　　　　　　　　　　　　　　　　 2 000 000
借：预收账款　　　　　　　　　　　　　　　　　　　　　　　　　　 11 300 000
　　　贷：主营业务收入　　　　　　　　　　　　　　　　　　　　　　10 000 000
　　　　　应交税费——应交增值税　　　　　　　　　　　　　　　　　 1 300 000
借：主营业务成本　　　　　　　　　　　　　　　　　　　　　　　　　8 000 000
　　　贷：库存商品　　　　　　　　　　　　　　　　　　　　　　　　 8 000 000

(3) 2023年12月1日,乙公司与B公司签订销售合同,向B公司销售一批商品。合同规定：商品的销售价格为700万元,乙公司于2024年4月30日以740万元的价格购回该批商品。2023年12月1日,乙公司根据销售合同发出商品,开出的增值税专用发票上注明的商品销售价格为700万元,增值税额为91万元；款项已收到并存入银行；该批商品的实际成本为600万元。乙公司的会计处理如下：

借：银行存款　　　　　　　　　　　　　　　　　　　　　　　　　　 7 910 000
　　　贷：主营业务收入　　　　　　　　　　　　　　　　　　　　　　 7 000 000
　　　　　应交税费——应交增值税(销项税额)　　　　　　　　　　　　　 910 000
借：主营业务成本　　　　　　　　　　　　　　　　　　　　　　　　　6 000 000
　　　贷：库存商品　　　　　　　　　　　　　　　　　　　　　　　　 6 000 000

(4) 乙公司采用以旧换新方式销售给C公司产品4台,单位售价为50万元,单位成本为30万元；同时收回4台同类旧商品,每台回收价为5万元(不考虑增值税),款项尚未收到,乙公司的会计处理是：

借：应收账款　　　　　　　　　　　　　　　　　　　　　　　　　　　2 260 000
　　　贷：主营业务收入　　　　　　　　　　　　　　　　　　　　　　 2 000 000
　　　　　应交税费——应交增值税(销项税额)　　　　　　　　　　　　　 260 000
借：主营业务成本　　　　　　　　　　　　　　　　　　　　　　　　　1 000 000
　　　贷：库存商品　　　　　　　　　　　　　　　　　　　　　　　　 1 000 000

要求：如果不考虑审计重要性水平,针对资料中的事项(1)至事项(4),请分别回答C和D注册会计师是否需要提出审计处理建议。若需提出审计调整建议,请直接列示审计调整分录(审计调整分录均不考虑对乙公司2023年度的企业所得税、期末结转损益及利润分配的影响,下同)。

19. 甲公司系股份有限公司,每年的年度财务报告均于次年的4月对外公布,2023年度发生的相关交易和事项及其会计处理如下:

(1) 甲公司会计政策规定,采用平均年限法计提固定资产折旧,每年年度终了对固定资产进行逐项检查,考虑是否计提固定资产减值准备。甲公司的办公大楼于2022年1月启用,原值为4 000万元,预计使用年限为20年,预计净残值为400万元。2022年12月31日,经审计的该项固定资产的净值为3 835万元,该项固定资产的减值准备余额为458万元。由于自2023年1月起该项固定资产因故停用,甲公司未计提其2023年度的折旧。

(2) 甲公司2023年12月31日"应付账款"账户余额为贷方余额800万元,其明细组成如下:

| | |
|---|---:|
| 应付账款——A公司 | 5 000 000 |
| 应付账款——B公司 | 3 500 000 |
| 应付账款——C公司 | −1 500 000 |
| 应付账款——D公司 | 1 000 000 |
| 合计 | 8 000 000 |

(3) 在建工程中有房屋建筑物(办公楼)2 000万元,本年6月已完工交付使用,但甲公司未结转固定资产。(该公司房屋建筑物的残值率为3%,使用年限为30年)

(4) 甲公司与东奥公司于2023年8月1日签订协议,东奥公司同意甲公司以其持有的交易性金融资产支付所欠800万元贷款。交易双方已于当月办妥相关的法律手续。甲公司交易性金融资产的账面余额为500万元。假定不考虑该交易应支付的相关税费,甲公司对该交易作了如下会计处理:

| | |
|---|---:|
| 借:应付账款——东奥公司 | 8 000 000 |
|   贷:交易性金融资产 | 5 000 000 |
|     资本公积——其他资本公积 | 3 000 000 |

(5) 2019年1月1日,甲公司以银行存款6 000万元购入一项无形资产。2019年年末未发生减值,2021年年末和2022年年末,甲公司预计该项无形资产的可收回金额分别为4 000万元和3 556万元。该项无形资产的预计使用年限为10年,按月采用直线法摊销。甲公司于每年年末对无形资产计提减值准备;计提减值准备后,原预计使用年限不变。甲公司2023年未摊销该无形资产。

要求:若应当建议作出审计调整的,请按年度直接列示全部相应的审计调整分录(包括重分类调整分录)。在编制审计调整分录时,不考虑调整分录对所得税和期末结转损益的影响。

20. C注册会计师对H公司2023年度会计报表进行审计,H公司总资产2 500万应收账款项目在资产负债表上列示为1 000万元,控制风险评价为低水平;应付账款项目在资产负债表上列示为610万元,控制风险评价为高水平,请分析C注册会计师是否需要对应收、应付账款进行函证。原因何在?

21. X公司2023年度1～12月未审主营业务收入及主营业务成本见表8。

表8　　　　　X公司2023年度未审主营业务收入及主营业务成本　　　　金额单位:元

| 月份 | 主营业务收入 | 主营业务成本 |
| --- | --- | --- |
| 1 | 7 800 | 7 566 |
| 2 | 7 600 | 6 764 |
| 3 | 7 400 | 6 512 |
| 4 | 7 700 | 6 768 |
| 5 | 7 800 | 6 981 |
| 6 | 7 850 | 6 947 |
| 7 | 7 950 | 7 115 |
| 8 | 7 700 | 6 830 |
| 9 | 7 600 | 6 832 |
| 10 | 7 900 | 7 111 |
| 11 | 8 100 | 7 280 |
| 12 | 18 900 | 15 139 |
| 合计 | 104 300 | 91 845 |

要求:为确定重点审计领域,注册会计师拟对上述资料实施实质性分析程序。请指出主营业务收入和主营业务成本的重点审计领域,并简要说明理由。

22. 注册会计师张明对远东公司存货项目的相关内部控制进行研究评价以后,发现存在以下五种可能导致错误的情况:

(1) 所有存货都未经认真盘点。

(2) 委托明光公司加工的甲材料可能不存在。

(3) 财务报表日前已验收入库但发票未到的部分原材料,已列入盘点存货内,但在财务报表日后作了相应会计处理。

(4) 本年度对存货发出计价方法由加权平均法改为先进先出法。

(5) 远东公司的存货以前年度未经审计。

要求:为了证实上述情况是否会导致错报,注册会计师张明应分别执行的最主要的实质性程序是什么?

23. ABC会计师事务所接受甲股份有限公司(上市公司,以下简称甲公司)委托,连续审计甲公司2023年度财务报表。A注册会计师担任审计项目合伙人。甲公司 2021 年度、2022 年度经营均是亏损状态,2023 年度实现扭亏为盈,实现盈利 15 万元。A 注册会计师对甲公司实施风险评估程序后,初步了解到甲公司财务报表存在多记 2023 年营业收入的风险。A 注册会计师要求审计项目组将利润表的营业收入项目作为重大错报风险领域,拟订了重点测试计划。

要求:根据甲公司的以上情形,请分析并回答:

(1) A 注册会计师了解甲公司相关内部控制后,决定将开具销售发票这一环节作为控制测试的重点。为了降低开具销售发票过程中出现重复、遗漏、错误计价或其他差错,甲公司应当对此建立哪些控制活动?

(2) A 注册会计师拟定的重点测试计划中,甲公司高估营业收入主要有哪些情形?针对每一种类型,请写出简要审计程序,并填入表 9。

**表 9　　　　　高估营业收入的三类情形及相应的审计程序**

| 高估收入主要的三类情形 | 相应的审计程序 |
| --- | --- |
|  |  |
|  |  |
|  |  |

(3) 如果 A 注册会计师拟重点实施营业收入截止测试,请分别回答截止测试的三条审计路线中的起点分别是什么?每条审计路线的截止测试程序分别是什么?每条审计路线主要测试的目的分别是什么?并将答案填入表 10。

**表 10　　　　　　　　营业收入截止测试**

| 截止测试路线 | 测 试 起 点 | 实施的截止测试程序 | 实施的主要目的 |
| --- | --- | --- | --- |
| 1 |  |  |  |
| 2 |  |  |  |
| 3 |  |  |  |

24. ABC 会计师事务所首次承接甲公司 2023 年度财务报表审计业务,A 注册会计师担任审计项目合伙人。A 注册会计师了解到甲公司 2022 年度及以前年度是 C 会计师事务所的审计客户,C 会计师事务所对甲公司 2022 年度财务报表出具了否定意见的审计报告,审计事项涉及甲公司收入确认可能存在虚假信息。A 注册会计师同时了解到,国家证券监管部门正在对甲公司连续几年财务报表收入增长、股价增长等问题进行监督检查,但一直未公布最终检查结果。A 注册会计师根据其了解的情况制订了以下具体审计计划:

(1) A 注册会计师直接将甲公司的销售与收款循环作为重点审计领域。

(2) A 注册会计师在进行存货监盘前,与甲公司管理层讨论甲公司的存货盘点计划和审计项目组存货监盘计划。

(3) A 注册会计师在对应收账款函证前,向甲公司索取债务人联系方式,以便尽早实施函证。

（4）A注册会计师与甲公司签订审计业务约定书时，提请甲公司应允许审计项目组接触与编制财务报表相关的所有财务信息、非财务信息，以及应允许审计项目组不受限制地接触其认为必要的内部人员和其他相关人员。

（5）A注册会计师提请甲公司就财务报表是否不存在舞弊提供书面声明，如果书面声明中回答甲公司财务报表不存在舞弊，则减少对甲公司各业务流程了解的范围，主要依赖控制测试。减少实质性程序，以便提高审计质量的同时降低审计成本。

要求：请根据审计准则的相关规定，结合了解到的甲公司具体情况。对A注册会计师针对事项(1)至事项(5)的具体审计计划进行分析，判断是否恰当，并简要说明理由。

# 综合案例分析题参考答案

1.（1）事项（1）与销售收入的发生认定直接相关。事项（2）与销售收入的发生认定不直接相关。事项（3）与销售收入的发生认定不直接相关。事项（4）与销售收入的发生认定不直接相关。事项（5）与销售收入的发生认定直接相关。事项（6）与销售收入的发生认定不直接相关。

（2）注册会计师最应当选择事项（5）进行控制测试。客户签收单是确认销售收入发生的关键环节，同时它也是外部来源的证据，因而与事项（1）的控制相比，事项（5）的控制应对销售收入发生认定的错报最有力。

2.（1）事项（1）与营业收入认定无关。事项（2）与营业收入发生认定相关。事项（3）与营业收入的发生和完整性认定相关。事项（4）与营业收入的发生认定相关。事项（5）与营业收入的发生和准确性认定相关。事项（6）与营业收入的发生认定相关。

（2）注册会计师最应当选择事项（6）进行控制测试。因为甲公司会计人员同时根据发运凭证销售单和销售发票编制记账凭证并确认当期营业收入，所以能够有效降低虚构销售业务的错报风险。

3.（1）坏账准备估计不足。"坏账准备年末余额530万元÷应收账款年末余额16 553万元×100%＝3.2%"，与甲公司披露的5%的坏账准备计提比例不符，应收账款坏账准备计提不足，影响2023年12月31日应收账款的"准确性、计价和分摊"认定。

（2）存在错报。

第一，2023年12月31日2～3年应收账款1 365万元高于2023年1月1日1～2年的应收账款1 186万元。在未发生债务重组的情况下，账龄越长，余额应当越小。

第二，同理，应收账款账龄分析中，"2～3年"和"3年以上"这两部分的年初数之和仅为2 582万元，而"3年以上"的年末数却为2 874万元，通常，在甲公司2023年度未发生购并、分立和债务重组行为等的前提下是不可能的。

第三，2023年12月31日1年以内的应收账款比2023年1月1日1年以内的应收账款增长30%，在甲公司2023年度未发生购并、分立和债务重组行为，供产销形势与上年相当的前提下是不可能的。

4.（1）根据甲公司实际情况，拟对应付账款设计以下的实质性分析程序：

第一，将甲公司2023年应付账款期末余额与期初余额进行比较，分析波动原因。

第二，分析长期挂账的应付账款，要求甲公司作出解释，判断甲公司是否缺乏偿债能力或利用应付账款隐瞒利润，并注意其是否可能无须支付。对确实无须支付的应付账款的会计处理是否正确，依据是否充分；关注账龄超过3年的大额应付账款在财务报表日后是否偿还,检查偿还记录、单据及披露情况。

第三,计算应付账款与存货的比率,应付账款与流动负债的比率,并与以前年度相关比率对比分析,评价应付账款整体的合理性。

第四,分析存货和营业成本等项目的增减变动,判断应付账款增减变动的合理性。

(2) A注册会计师应选择B公司和D公司进行函证。确定应付账款函证对象时,应当考虑选择那些可能存在较大余额(D公司)或财务报表日金额不大,甚至为零,但为甲公司重要供应商的债权人(B公司)。函证的目的在于查实甲公司有无未入账负债。2023年度甲公司从B、D两家公司采购了大量商品,漏记负债错报风险比较高。

5.(1)第(1)项中,甲公司确定的存货整体盘点时间不正确。因与存货相关的内部控制比较薄弱,应当在期末实施盘点。甲公司确定的烧碱存货盘点时间不正确,烧碱分别存放在A、B仓库,应在同一时点进行盘点,而不应安排在不同日期。甲公司确定的玻璃存货盘点范围不正确。对存放在外地的占存货总量39%的玻璃应当纳入盘点范围,制定盘点程序。

(2)第(2)项中,对存放在外地公用仓库的玻璃盘点方式不正确。因存放在外地公用仓库的玻璃占存货金额比重较大,应当考虑实地盘点。

(3)第(3)项中,对堆积型存货数量的确定方法不正确。对于烧碱、煤炭和石英砂,应当运用工程估测、几何计算等计量方法,并依赖详细的存货记录。

(4)第(4)项中,盘点标签的使用和控制不正确。由负责盘点存货的人员将一套标签粘贴在已盘点的存货上,另一套由其返还给存货盘点监督人员,由监督人员将盘点标签连同存货盘点表交存财务部门。

(5)第(5)项中,对出现的盘盈或盘亏的存货处理不正确,在盘点结束后,应由甲公司组成调查小组,对盘盈或盘亏的存货进行分析和处理(复核确认),并将存货实物数量和仓库记录调节相符。

6.(1)注册会计师可运用工程估测、几何计算、高空调研,并信赖详细的存货记录;如果堆场中的存货不高,可进行实地盘点,或通过旋转存货堆加以估计。

(2)监盘程序的实施方式包括控制测试与实质性程序两种方式。在控制测试方式下,抽查的目的主要是确证N公司的盘点计划是否得到了适当的执行;在实质性程序方式下,抽查的主要目的是证实N公司的存货实物总额。

(3)对于将要抽查测试的存货项目,L注册会计师不应与N公司进行沟通,而应尽可能避免N公司了解将要抽查测试的存货项目,如未能观察到N公司对重要存货的盘点,L注册会计师应实施实质性盘点程序。

(4)对于抽查发现差异,一方面注册会计师应查明原因,及时提请N公司更正;另一方面考虑错误潜在的范围和重大程度,在可能的情况下,增加抽查范围,以减少错误的发生;注册会计师可要求N公司就某一特定领域或特定盘点小组的盘点范围进行重新盘点。

(5)存货监盘记录比存货盘点表更可靠。理由是:存货监盘记录是注册会计师自行编制的,而存货盘点表是被审计单位提供的。

7.(1)不妥当。为了有效地实施存货的监盘,注册会计师应与被审计单位就有关问题达成一致意见,但注册会计师应尽可能避免被审计单位了解自己将抽查盘点的存货项目。

(2)不妥当。对所有权不属于被审计单位的存货,注册会计师应当取得其规格、数量等有关资料,确定是否已分别存放、标明,且未纳入盘点范围。注册会计师还应当追加审计程序,查阅有关的购销协议、结算凭证,以证实其所有权。

(3)妥当。在抽查时,注册会计师应当从存货盘点记录中选取项目追查至存货实物,以测试盘点记录的准确性;注册会计师还应当从存货实物中选取项目追查至存货盘点记录,以测试存货盘点记录的完整性。

(4)不妥当。如果存货已作质押,注册会计师应当向债权人函证与被质押的存货有关的内容,取得书面证据,必要时到银行实施监盘程序。

(5)不妥当。使用磅秤测量的存货的监盘程序:在监盘前和监盘过程中均应检验磅秤的精准度,并留意磅秤的位置移动与重新调校程序;将检查和重新称量程序相结合;检查称量尺度的换算问题。仅仅检查原材料的收发记录是不够的。

(6)不妥当。此时注册会计师应当考虑能否实施替代审计程序,获取有关期末存货数量和状况的充分、适当的审计证据。注册会计师实施的替代程序主要包括:检查进货交易凭证或生产记录以及其他相关资料;检查财务报表日后发生的销货交易凭证;向顾客或供应商函证。仅仅实施询问程序是不够的。

8.(1)在存货盘点现场实施监盘时,注册会计师应当实施下列审计程序:①评价管理层用来记录和控制存货盘点结果的指令和程序;②观察管理层制定的盘点程序(如对盘点时及其前后的存货移动的控制程序)的执行情况;③检查存货;④执行抽盘;⑤针对需要特别关注的情况实施相应程序;⑥针对存货监盘结束时实施相应程序。

(2)对于将要检查的存货项目,注册会计师不应与被审计单位进行沟通,而是应该尽可能地避免让被审计单位事先了解将抽取检查的存货项目。

(3)对于检查发现的差异,注册会计师一方面应当查明原因,并及时提请被审计单位更正;另一方面,注册会计师应当考虑错误的潜在范围和重大程度,在可能的情况下,扩大检查范围以减少错误的发生。注册会计师还可以要求被审计单位重新盘点,重新盘点的范围可限于某一特殊领域的存货或特定盘点小组。

(4)在被审计单位存货盘点结束前,注册会计师应当:①再次观察盘点现场,以确定所有应纳入盘点范围的存货是否均已盘点;②取得并检查已填用、作废及未使用盘点表单的号码记录,确定其是否连续编号,查明已发放的表单是否均已收回,并与存货盘点的汇总记录进行核对。

9.(1)存货监盘的目标不正确,应该是获取丙公司 2023 年 12 月 31 日有关存货数量和状况的审计证据,检查存货的数量是否真实完整,是否归属被审计单位,存货有误毁损、陈旧、残次和短缺等状况。

存货监盘的范围不正确,应该是 2023 年 12 月 31 日库存的玻璃、煤炭和烧碱,但是并不应该包括其他公司存放在丙公司的水泥。

存货监盘的时间不正确,存货监盘的时间应该包括实地察看盘点现场的时间、观察存货盘点的时间和对已盘点存货实施检查的时间等,应当与被审计单位实施存货盘点的时间相协调,所以应该是 2023 年 12 月 29 日至 12 月 31 日。

(2)"与管理层讨论存货监盘计划"是不恰当的,应该是与被审计单位管理层讨论其存货盘点计划。

"观察丙公司盘点人员是否按照盘点计划盘点"是恰当的。

"检查相关凭证以证实盘点截止日前所有已确认为销售但尚未装运出库的存货均已纳入盘点范围"是不恰当的,应该是检查所有在截止日以前装运出库的存货项目是否均未包括在盘点范围内,且未包括在截止日的存货账面余额中。

"对于存放在外地公用仓库的玻璃,主要实施检查装运文件、出库纪录等替代程序"是不恰当的,应该主要采用通过函证方式查验。

10. (1) 现金盘点应实施突击检查,不能预先告知。

(2) 企业的各部门保管的所有现金均应同时盘点,若不能同时盘点,则应先封存再监盘。

(3) 盘点时间一般选择上午上班前或下午下班时。

(4) 参加盘点人员应有出纳员、被审计单位会计主管人员、注册会计师。

(5) 应由出纳员进行现金盘点,注册会计师监盘。

(6) "库存现金盘点表"应由公司相关人员和注册会计师共同签字。

11. (1) 第一,仅向本期存过款的银行发函是不当的。应当向甲公司在本年度存过款的所有银行发函,包括零余额账户和在本年内注销的账户。

第二,直接认定银行在回函工作中不会与企业合谋向注册会计师发出带有虚假陈述的回函以及认定无须考虑与此相关的舞弊导致的重大错报风险是不当的。注册会计师应当在考虑银行回函工作相关舞弊导致的财务报表重大错报风险的基础上,谨慎对待银行存款函证工作。

第三,A、B 注册会计师决定以 ABC 会计师事务所的名义向银行寄发询证函是不恰当的,应当以甲公司的名义向银行寄发询证函。

(2) 差异产生的主要原因有:可能是由于双方登记入账的时间不同,或是由于一方或双方记账错误,也可能是甲公司的舞弊。

(3) 注册会计师可以自行编制银行存款余额调节表,或从被审计单位获取银行存款余额调节表,以验证这些不符事项。编制银行存款余额调节表可以检查调节后银行存款日记账金额与银行对账单余额是否一致。

(4) 答案见表 1。

表 1　　　　　　　　　　银行存款余额调节表

2023 年 12 月 31 日　　　　　　　　　　单位:元

| 银行调节项目 | 金　额 | 企业调节项目 | 金　额 |
| --- | --- | --- | --- |
| 银行对账单余额 | 1 585 000.00 | 银行存款日记账余额 | 1 665 000.00 |
| 加:企业已收,银行未收 | 150 000.00 | 加:银行已收,企业未收 | 45 000.00 |

(续表)

| 银行调节项目 | 金 额 | 企业调节项目 | 金 额 |
|---|---|---|---|
| 减：企业已付，银行未付 | 50 000.00 | 减：银行已付，企业未付 | 25 000.00 |
| 实际存款金额 | 1 685 000.00 | 实际存款金额 | 1 685 000.00 |

假定不考虑其他因素，E 银行账户审定后的金额是 1 685 000 元。

12.（1）A、B 注册会计师可以直接假定 X 公司收入存在舞弊风险。

（2）考虑人员的适当分派和督导；考虑被审计单位采用的会计政策；在选择进一步审计程序的性质、时间和范围时，应当注意使某些程序不为被审计单位预见或事先了解。

（3）测试日常会计核算过程中编制的会计分录以及为编制财务报表作出的调整分录是否适当。复核会计估计是否有失公允，从而可能产生的舞弊导致的重大错报。对于注意到的、超出正常经营过程或基于对被审计单位及其环境的了解显得异常的重大交易，了解其商业理由的合理性。

13.（1）存在舞弊风险因素。事项（1），甲公司所处行业竞争激烈且市场处于饱和状态，甲公司主营业务收入年增长率超过行业平均增长率，管理层受收入增长期望过高的压力；事项（2），管理层报酬中相当一部分取决于收入的完成情况。

（2）不适当。A 注册会计师应在整个审计过程中保持职业怀疑态度，不应受到以前对管理层正直和诚信形成判断的影响，且在识别和评估由舞弊导致的重大错报风险时，注册会计师应假定收入存在舞弊风险。

（3）A 注册会计师应选择在报告期末对编制的会计分录和其他调整进行测试，并考虑是否有必要测试整个会计期间的会计分录和其他调整。

14.（1）事项（1）存在舞弊风险：A 公司所处行业竞争激烈且市场处于饱和状态，主营业务收入增长率超过行业平均增长率，管理层受收入增长期望过高的压力。

事项（2）存在舞弊风险：A 公司的经营亏损导致用主要固定资产偿还债务的风险，可能导致持续经营存在的问题。

（2）不适当。注册会计师李某应在整个审计过程中保持职业怀疑态度，不应受到以前对管理层正直和诚信形成判断的影响，且在识别和评估由舞弊导致的重大错报风险时，注册会计师应假定收入存在舞弊风险。

15.（1）答案见表 2。

表 2　集团项目组对参与组成部分注册会计师工作的考虑

| 组成部分 | 是否恰当 | 理由 |
|---|---|---|
| A 公司 | 是 | 应评价组成部分注册会计师对特别风险拟采取进一步审计程序的恰当性 |
| B 公司 | 否 | — |

（2）集团项目组应当参与组成部分注册会计师实施的风险评估程序。与组成部分注册会计师或组成部分管理层讨论重要的组成部分业务活动；与组成部分注册会计师讨论

因舞弊或错误导致组织部分财务信息发生重大错报的可能;复核组成部分注册会计师对识别出的导致集团财务报表发生重大错报的特别风险形成的审计工作底稿。

16. A 注册会计师应当实施下列审计程序:

(1)与组成部分注册会计师或组成部分管理层讨论对集团而言重要的组成部分业务活动。

(2)与组成部分注册会计师讨论由错误或舞弊导致组成部分财务信息发生重大错报的可能性。

(3)复核组成部分注册会计师对已识别出的导致集团财务报表发生重大错报的特别风险形成的审计工作底稿。

17.(1)注册会计师通常可以实施下列程序参与其他注册会计师对联营企业的风险评估的工作:①与其他注册会计师或联营企业的管理层讨论对甲公司有重要影响的联营企业的业务活动;②与其他注册会计师讨论错误或舞弊导致的联营企业的财务信息出现重大错报的风险;③复核其他注册会计师对已识别的重大错报风险所做的工作记录。

(2)答案见表3。

表 3　　　　　　　　　　资料二相关信息

| 相关认定 | 是否可以获取充分、适当的审计证据(是/否) | 主要实质性程序 | 审计路径起点 |
| --- | --- | --- | --- |
| 存在 | 否 | 实地检查期初已存在的固定资产 | 从期初固定资产明细账选取项目追查到实物 |
| 完整性 | 否 | 检查上期注册会计师审计工作底稿 | 上期固定资产工作底稿实地盘点记录 |
| 权利和义务 | 是 | — | — |
| 计价和分摊 | 是 | — | — |

(3)审计程序设计恰当性分析:

第(1)项,注册会计师的审计程序存在不当之处,因为已经说明"在客户收到货物、验收合格并签发收货通知后,甲公司才取得收取货款的权利",所以此时注册会计师在审计中仅仅检查了销售合同是不够的,还应该检查客户签发的收货通知单。

第(2)项,注册会计师的审计程序存在不当之处,因为已经说明"在客户收到货物、验收合格并签发收货通知后,甲公司才取得收取货款的权利",所以此时注册会计师在审计中仅仅检查了发票和出库单中其他信息与记账凭证的一致,是不够的,还应该检查客户签发的收货通知单的日期。

第(3)项,注册会计师的审计程序存在不当之处。不能够根据获取的财务经理的询问结果得出审计结论,应当进一步的了解行业状况、市场价格变化信息,并检查被审计单位关于价格调整的会议记录和相关文件。必要时向被审计单位的客户函证销售合同中的价格条款。

(4)针对第(4)项,属于注册会计师注意到的可能影响上期财务报表的重大错

报,而以前未就该重大错报出具非无保留意见的审计报告,则这种情况下:

第一,注册会计师应当与管理层讨论,要求进行三方会谈,将该事项告知前任注册会计师,并请管理层重新出具2022年度的财务报表,请前任注册会计师重新出具审计报告。

在前任注册会计师重新出具审计报告后,注册会计师应当关注本期财务报表中的比较数据是否已经得到了恰当调整和列报,与更正后的上期财务报表是否一致,且在附注中已经对更正情况作出了充分披露。

注册会计师对本期财务报表中的该事项应当建议被审计单位作出修改,并实施充分、适当的审计证据。

第二,管理层应该根据注册会计师的要求安排与前任注册会计师的三方会谈,并根据注册会计师的意见修改上期和本期财务报表,并获取前任注册会计师重新出具的审计报告。

(5) 续写审计报告如下:

三、无保留意见

我们认为,甲公司财务报表在所有重大方面按照企业会计准则的规定编制,公允反映了甲公司2023年12月31日的财务状况以及2023年度的经营成果和现金流量。

四、强调事项

我们提醒财务报表使用者关注,如财务报表附注×所述,甲公司由于主导产品不符合国家环保要求,被政府部门于2023年12月要求在2024年9月30日前停止生产和销售该类产品。甲公司以在财务报表附注×中充分披露了拟采取的改善措施,但其持续经营能力仍然存在重大不确定性。本段内容并不影响已发表的审计意见。

18.(1) 乙公司对分期收款销售按照约定的收款日期确认收入不正确。

分期收款销售实质上具有融资性质,应在发出商品时,按照应收的合同或协议价款的公允价值(现值)确定销售商品收入金额。应收的合同或协议价款与其公允价值之间的差额,应当在合同或协议期间采用实际利率法进行摊销,冲减财务费用。会计分录为:

借:长期应收款　　　　　　　　　　　　　　　　　42 000 000
　　贷:营业收入　　　　　　　　　　　　　　　　40 000 000
　　　　财务费用　　　　　　　　　　　　　　　　 2 000 000
借:营业成本　　　　　　　　　　　　　　　　　　30 000 000
　　贷:存货　　　　　　　　　　　　　　　　　　30 000 000

乙公司正确的会计处理:

借:长期应收款　　　　　　　　　　　　　　　　　50 000 000
　　贷:主营业务收入　　　　　　　　　　　　　　40 000 000
　　　　未实现融资收益　　　　　　　　　　　　　10 000 000
借:主营业务成本　　　　　　　　　　　　　　　　30 000 000
　　贷:库存商品　　　　　　　　　　　　　　　　30 000 000
借:银行存款　　　　　　　　　　　　　　　　　　10 000 000
　　贷:长期应收款　　　　　　　　　　　　　　　10 000 000

借：未实现融资收益(40 000 000×5%)　　　　　　　　　　　　　　　2 000 000
　　贷：财务费用　　　　　　　　　　　　　　　　　　　　　　　　　2 000 000

(2) 注册会计师认为不能确认该销售，该销售属于需要安装的销售。在2023年12月31日，安装尚未完成，所以商品所有权上的主要风险和报酬尚未转移。建议调整会计分录如下：

借：营业收入　　　　　　　　　　　　　　　　　　　　　　　　　　10 000 000
　　贷：应收账款　　　　　　　　　　　　　　　　　　　　　　　　　9 700 000
　　　　预收款项　　　　　　　　　　　　　　　　　　　　　　　　　　 300 000
借：存货　　　　　　　　　　　　　　　　　　　　　　　　　　　　　 8 000 000
　　贷：营业成本　　　　　　　　　　　　　　　　　　　　　　　　　 8 000 000

(3) 注册会计师建议调整会计分录如下：

借：营业收入　　　　　　　　　　　　　　　　　　　　　　　　　　　 7 000 000
　　贷：其他应付款　　　　　　　　　　　　　　　　　　　　　　　　 7 000 000
借：存货　　　　　　　　　　　　　　　　　　　　　　　　　　　　　 6 000 000
　　贷：营业成本　　　　　　　　　　　　　　　　　　　　　　　　　 6 000 000
借：财务费用　　　　　　　　　　　　　　　　　　　　　　　　　　　　　80 000
　　贷：其他应付款　　　　　　　　　　　　　　　　　　　　　　　　　　80 000

(4) 按照企业会计准则的规定，以旧换新销售时，销售的商品应当按照销售商品收入确认条件确认收入，回收的旧商品作为购进商品处理。建议调整会计分录如下：

借：营业成本　　　　　　　　　　　　　　　　　　　　　　　　　　　　 200 000
　　贷：应收账款　　　　　　　　　　　　　　　　　　　　　　　　　　 200 000

19. 交易和事项(1)，注册会计师应提请甲公司编制如下调整分录：

借：管理费用——折旧[(38 350 000－4 580 000－4 000 000)÷(20×12－11)×12]
　　　　　　　　　　　　　　　　　　　　　　　　　　　　　　　　　 1 560 000
　　贷：固定资产　　　　　　　　　　　　　　　　　　　　　　　　　 1 560 000

交易和事项(2)，注册会计师应提请甲公司编制如下调整分录：

借：预付款项——C公司　　　　　　　　　　　　　　　　　　　　　　 1 500 000
　　贷：应付账款——C公司　　　　　　　　　　　　　　　　　　　　 1 500 000

交易和事项(3)，注册会计师应提请甲公司编制如下调整分录：

借：固定资产　　　　　　　　　　　　　　　　　　　　　　　　　　　20 000 000
　　贷：在建工程　　　　　　　　　　　　　　　　　　　　　　　　　20 000 000
借：管理费用——累计折旧[20 000 000×(1－3%)÷30÷12×6]　　　　　323 333.33
　　贷：固定资产　　　　　　　　　　　　　　　　　　　　　　　　　　323 333.33

交易和事项(4)，注册会计师应提请甲公司编制如下调整分录：

借:资本公积——其他资本公积　　　　　　　　　　　　　　　　　　　　　3 000 000
　　贷:营业外收入　　　　　　　　　　　　　　　　　　　　　　　　　　　3 000 000

交易和事项(5),注册会计师应提请甲公司编制如下调整分录:

借:管理费用　　　　　　　　　　　　　　　　　　　　　　　　　　　　　5 000 000
　　贷:无形资产　　　　　　　　　　　　　　　　　　　　　　　　　　　　5 000 000

20. C注册会计师应对H公司的应收账款和应付账款应实施函证。

(1) 实施应收账款的函证是应收账款审计非常重要的程序。通过函证能获取十分有说服力的外部证据,以证明应收账款的真实存在性及正确性等情况。尽管被审计单位的应收账款内部控制良好,控制风险较低,可接受的检查风险高,注册会计师只能减少函证客户的数量,但不能省略函证程序。

(2) 一般情况下,审计应付账款不需要函证。但是,如果被审计单位控制风险较高,某应付账款户金额较大或被审计单位处于经济困难阶段,则应进行应付账款的函证。H公司应付账款的控制风险较高,则也应实施函证程序。

21. 在实质性分析程序后,应将以下个月主营业务收入和主营业务成本作为重点审计领域:1月,该月毛利率(3%)远远低于全年平均毛利率和其他各月毛利率。12月,该月主营业务收入占全年主营业务收入比例较高(达18.12%);毛利率相对较高(达19.90%)。

22. (1) 监盘期末存货。

(2) 函证。

(3) 截止。

(4) 计价测试。

(5) 检查/分析程序等。

23. (1) 为了降低开具销售发票过程中出现重复、遗漏、错误计价或其他差错,甲公司应设立如下控制程序:

第一,在开具每张销售发票之前,开票人员应独立检查是否存在装运凭证和相应的经批准的销售单。

第二,应依据已授权批准的商品价目表开具销售发票。

第三,独立检查销售发票的计价和计算的正确性。

第四,将装运凭证上的商品总数与相对应的销售发票上的商品总数进行比较。

(2) 答案见表4。

表4　　　　　　　　　　高估营业收入的三类情形及相应的审计程序

| 高估收入主要的三类情形 | 相应的审计程序 |
| --- | --- |
| 未曾发货却已将销售交易登记入账 | 注册会计师可以从主营业务收入明细账中抽取若干笔分录,追查有无发运凭证及其他佐证。借以查明有无事实上没有发货却已登记入账的销售交易 |

(续表)

| 高估收入主要的三类情形 | 相应的审计程序 |
|---|---|
| 销售交易重复入账 | 注册会计师可以检查企业销售交易记录清单以确定是否存在重号、缺号的情况 |
| 向虚构的客户发货并登记入账 | 注册会计师应当检查主营业务收入明细账中与销售分录相应的销货单,以确定销售是否履行赊销批准手续和发货审批手续 |

(3) 答案见表5。

表5　　　　　　　　　　营业收入截止测试

| 截止测试路线 | 测试起点 | 实施的截止测试程序 | 实施的主要目的 |
|---|---|---|---|
| 1 | 账簿记录 | 从财务报表日前后若干天的账簿记录查至记账凭证,检查发票存根与发运凭证,证实已入账收入是否在同一期间已开具发票并发货 | 主要是为了防止多计收入 |
| 2 | 销售发票 | 从财务报表日前后若干天的发票存根查至发运凭证与账簿记录,确定已开具发票的货物是否已发货并于同一会计期间确认收入 | 主要是为了防止少计收入 |
| 3 | 发运凭证 | 从财务报表日前后若干天的发运凭证查至发票开具情况与账簿记录,确定主营业务收入是否已记入恰当的会计期间 | 主要是为了防止少计收入 |

24.(1) 恰当。由于C会计师事务所已对甲公司2022年度财务报表出具了否定意见审计报告,行业监管部门也正在对其财务业绩以及股价操纵等方面是否涉嫌违规行为进行监督检查,说明甲公司2023年营业收入及利润存在较高重大错报风险,包括可能存在舞弊的特别风险。

(2) 不恰当。A注册会计师应当与甲公司就存货盘点计划进行讨论,但不适合与甲公司讨论存货监盘计划,因为注册会计师应当增强审计程序的不可预见性。

(3) 恰当。A注册会计师应当尽早实施函证,因为实施函证时间太晚影响审计项目组对应收账款询证函回函结果的分析。

(4) 恰当。甲公司允许审计项目组接触与编制财务报表相关信息以及接触必要的相关人员是注册会计师执行审计工作的前提。

(5) 不恰当。书面声明的内容虽然包括是否存在舞弊,但管理层书面声明本身不能直接证明相关问题,注册会计师还应当获取其他审计证据进行佐证;同时,注册会计师不能假定管理层书面声明的真实性,应当实施必要的风险评估程序,了解各业务流程,包括了解内部控制,识别、评估与应对相关风险。

# 模拟测试题(一)

**一、单项选择题**(本题型共25题,每题1分,共25分,每题只有一个正确答案)

1. A注册会计师负责审计甲公司2023年度财务报表。A注册会计师通过了解销售与收款业务流程识别控制风险,评估涉及营业收入、应收账款财务报表项目相关认定是否存在重大错报。以下对销售与收款业务流程相关控制活动与相关认定的对应关系的陈述中,不恰当的是( )。
   A. 销售发票连续编号的控制能够有效降低营业收入"完整性"认定错报风险
   B. 确保每张入账的销售发票都有与之对应的发运凭证和销售单能够有效控制营业收入"发生"认定的错报风险
   C. 将发运凭证的商品总数与销售发票上的商品总数核对能够控制营业收入"准确性"错报风险
   D. 注销坏账授权控制与应收账款"准确性、计价和分摊"认定相关

2. 以下对采购与付款业务流程相关控制活动与相关认定的对应关系的陈述中,不恰当的是( )。
   A. 连续编号的验收单与应付账款的"存在"认定最有关
   B. 支票预先顺序编号能够确保支出支票存根的完整性和作废支票处理的恰当性
   C. 订购单的连续编号控制能够有效降低应付账款"完整性"认定错报风险
   D. 确定供应商发票计算的正确性能够降低应付账款的"准确性、计价和分摊"认定、相关费用的"准确性"认定的错报风险

3. 下列关于应收账款认定,通过实施函证程序,注册会计师认为最可能证实的是( )。
   A. 准确性、计价和分摊     B. 准确性
   C. 存在                   D. 完整性

4. A注册会计师负责审计甲公司2023年度财务报表。A注册会计师通过了解销售与收款业务流程识别控制风险,评估涉及营业收入、应收账款财务报表项目相关认定是否存在重大错报。以下控制活动中,能够控制营业收入"发生"认定错报风险的是( )。
   A. 每月末由独立人员对销售部门的销售记录、发运部门的发运记录和财务部门的销售交易入账情况作内部核查,以确认销售交易是否及时入账
   B. 销售发票均经事先编号,并已登记入账
   C. 销售价格、付款条件、运费和销售折扣的确定已经适当的授权批准
   D. 销售交易是以经过审核的发运凭证及经过批准的客户订购单为依据登记入账的

5. 以下对生产与存货业务流程相关控制活动与相关认定的对应关系的陈述中,不恰当的是(    )。

   A. 产成品发运通知单进行连续编号控制,与营业成本的完整性认定最相关

   B. 生产通知单经过授权审批控制,与存货的完整性、营业成本的完整性认定最相关

   C. 产成品验收单进行连续编号控制,与存货的完整性、营业成本的完整性认定最相关

   D. 原材料出库单进行连续编号控制,与存货的完整性、营业成本的完整性认定最相关

6. 以下控制活动中,能够最有效地控制营业成本"完整性"认定错报风险的是(    )。

   A. 定期对存货盘点

   B. 存货保管人员与存货账面记录人员进行职责分离

   C. 生产指令、原材料领料单等得到授权批准

   D. 生产通知单、领发料凭证、产量和工时记录、工薪费用分配表、材料费用分配表、制造费用分配表均事先编号

7. A 注册会计师负责审计乙公司 2023 年度财务报表。在对存货实施抽盘时,以下做法中,A 注册会计师应该选择的是(    )。

   A. 尽量将难以盘点或隐蔽性较大的存货纳入抽盘范围

   B. 事先就拟抽取测试的存货项目与乙公司沟通,以提高存货监盘的效率

   C. 从乙公司存货盘点记录中选取项目追查至存货实物,以测试存货的完整性

   D. 如果盘点记录与存货实物存在差异,要求乙公司更正盘点记录

8. 以下选项中,注册会计师检查(    )时无法查找到未入账的应付账款。

   A. 被审计单位在财务报表日未处理的不相符的购货发票

   B. 有材料入库凭证但未收到购货发票的经济业务

   C. 应付账款明细账并追查其原始凭证

   D. 财务报表日后收到的购货发票,确认其入账时间是否正确

9. 注册会计师应当提请被审计单位将存货账面余额全部转入当期损益的情况是(    )。

   A. 市价持续下跌,并在 1 年内无回升希望

   B. 生产中不需要,且无转让价值的存货

   C. 存货市价因技术原因已跌到成本以下

   D. 存货市价因供求或过时等原因已跌到成本以下

10. A 注册会计师实施的下列控制测试程序中,通常能获取最可靠审计证据的是(    )。

    A. 询问　　　　　　　　　　　B. 检查控制执行留下的书面证据

    C. 观察　　　　　　　　　　　D. 重新执行

11. 对资产类项目审计和负债类项目审计来说,两者的最大区别是(    )。

A. 资产类项目审计侧重于审查所有权,而负债类项目审计侧重于审查义务

B. 资产类项目审计侧重于应收账款,而负债类项目审计侧重于应付账款

C. 资产类项目审计侧重于防高估和虚列,而负债类项目审计侧重于防低估和漏列

D. 资产类项目审计与损益无关,而负债类项目审计与损益有关

12. 下列关于函证的说法中,错误的是( )。

A. 询证函的设计服从于审计目标的需要

B. 询证函应该以事务所名义发出

C. 在对应付账款的完整性获取审计证据时,根据被审计单位的供货商明细表向被审计单位的主要供货商发出询证函,比从应付账款明细表中选择询证对象更容易发现未入账的负债

D. 在函证应收账款时,可以在询证函中不列出账户余额,而是要求被询证者提供余额信息

13. 以下审计程序中,D注册会计师最有可能证实已记录应付账款存在的是( )。

A. 从应付账款明细账追查至购货发票、购货合同和入库单等凭证

B. 检查采购文件以确定是否使用预先编号的采购单

C. 抽取购货合同、购货发票和入库单等凭证,追查至应付账款明细账

D. 向供应商函证零余额的应付账款

14. 注册会计师在了解甲公司的风险评估过程这一内部控制要素时,获悉甲公司在产品的计划和设计阶段未能招聘到在专门的制造领域富有才能的设计师和专家,则很可能将甲公司生产与存货循环的( )认定的重大错报风险评估为高水平。

A. 权利与义务  B. 完整性

C. 准确性、计价和分摊  D. 存在

15. 下列各项中,不属于注册会计师对被审计单位的采购与付款业务实施的控制测试的是( )。

A. 检查有无长期挂账的应付账款,注意其是否可能无需支付

B. 检查采购与付款业务授权批准手续是否健全,有无存在越权审批行为

C. 检查有关凭证上内部核查的标记

D. 检查订购单连续编号的完整性

16. 在执行存货监盘程序时,下列做法中,不正确的是( )。

A. 未将受托代管的存货纳入存货的盘点范围

B. 对于存在放在公共仓库中的存货,注册会计师应通过函证进行查验

C. 对于在途存货,注册会计师将其排除在盘点范围之外

D. 对于因性质特殊而无法实施监盘的存货,注册会计师应当实施替代的审计程序

17. 为了证实已发生的销售业务是否均已登记入账,有效的做法是( )。

A. 只审查销售日记账

B. 由日记账追查有关原始凭证

C. 只审查有关原始凭证

D. 由有关原始凭证追查销售日记账

18. 为了确保销售收入截止的正确性,审计人员最希望被审计单位(　　)。

A. 建立严格的赊销审批制度

B. 发运单连续编号并在发货当日签发

C. 经常与顾客对账核对

D. 年初及年末停止销售业务

19. 以下程序中,属于测试购货与付款循环中内部控制"存在或发生"目标的常用控制测试程序是(　　)。

A. 检查企业验收单是否有缺号　　B. 检查有无未记录的卖方发票存在

C. 检查付款凭单是否附有卖方发票　　D. 审核标准采购价格和折扣的标志

20. 当管理层要求不对应收账款实施函证时,注册会计师应保持职业怀疑态度。下列做法中,不恰当的是(　　)。

A. 怀疑管理层的诚信　　B. 可能存在舞弊或重大错误

C. 实施替代审计程序　　D. 发表保留意见或否定意见

21. 注册会计师对存货进行监盘时,被审计单位不应当做的是(　　)。

A. 各级领导、有关人员参与盘点　　B. 存货停止流动

C. 编制连续编号的盘点标签　　D. 进行盘点问卷调查

22. 下列关于审计报告中"其他报告责任"的说法中,错误的是(　　)。

A. 其他报告责任是注册会计师按照审计准则对财务报表出具审计报告的责任的补充

B. 针对其他报告责任,在另外一些情况下,相关法律法规可能要求或允许注册会计师在单独出具的报告中进行报告

C. 针对有其他报告责任的情形,通常情况下,审计报告应当区分为"对财务报表出具的审计报告"和"按照相关法律法规的要求报告的事项"两部分

D. 如果注册会计师在对财务报表出具的审计报告中履行其他报告责任,则注册会计师应当在单独出具的报告中进行报告

23. 丁公司某银行账户的银行对账单余额为 1 585 000 元,在检查该账户银行存款余额调节表时,D 注册会计师注意到以下事项:在途存款 100 000 元;未提现支票 50 000 元;未入账的银行存款利息收入 35 000 元;未入账的银行代扣水电费 25 000 元。假定不考虑其他因素,D 注册会计师审计后确认的该银行存款账户余额应是(　　)元。

A. 1 535 000　　B. 1 575 000

C. 1 595 000　　D. 1 635 000

24. 对于没有收到回函的肯定式函证,审计人员应该(　　)。

A. 确认地址继续发函　　B. 采取相关替代程序

C. 发表保留意见　　D. 发表无法表示意见

25. 以下控制活动中,不能够控制应付账款"完整性"认定错报风险的是( )。
   A. 应付凭单均经事先连续编号并确保已付款的交易登记入账
   B. 订购单均经事先连续编号并确保已完成的采购交易登记入账
   C. 验收单、卖方发票上的日期与采购明细账中的日期已经核对一致
   D. 验收单均经事先连续编号并确保已验收的采购交易登记入账

二、**多项选择题**(本题型共10题,每题2分,共20分。每题均有多个正确答案,请从每题的备选答案中选出你认为正确的答案,每题所有答案选择正确的得分;不答、错答、漏答均不得分)

26. 注册会计师向开户银行函证,可实现的目标有( )。
   A. 银行存款真实存在
   B. 是否有欠银行的负债
   C. 是否有漏列的银行借款
   D. 是否有充作抵押担保的存货

27. 下列情况中,注册会计师应当发表保留意见或无法表示意见的有( )。
   A. 因审计范围受到被审计单位限制,注册会计师无法就可能存在的对会计报表产生重大影响的错误与舞弊,获取充分、适当的审计证据
   B. 因审计范围受到被审计单位限制,注册会计师无法就对会计报表可能产生重大影响的违法或可能违反法规行为,获取充分、适当的审计证据
   C. 注册会计无法确定已发现的错误与舞弊对会计报表的影响程度
   D. 被审计单位管理当局拒绝就对会计报表具有重大影响的事项提供必要的书面声明,或拒绝就重要的口头声明予以书面确认

28. 注册会计师确定应收账款函证数量的大小、范围时,应考虑的主要因素有( )。
   A. 应收账款在全部资产中的重要性
   B. 被审计单位内部控制的强弱
   C. 以前年度的函证结果
   D. 函证方式的选择

29. 如果由于被审计单位存货的性质或存放位置等原因无法实施存货监盘,注册会计师通常可能实施的替代审计程序包括( )。
   A. 检查财务报表日后发生的销货交易凭证
   B. 检查进货交易凭证或生产记录
   C. 询问被审计单位仓储部门的人员
   D. 向顾客或供应商函证

30. 以下关于截止测试的说法中,正确的有( )。
   A. 主营业务收入截止测试的关键是检查开具发票或收款的日期、记账的日期和发货的日期是否属于同一会计期间
   B. 存货截止测试的关键在于存货纳入盘点范围的时间与存货引起借贷双方会计科目的入账时间是否属于同一会计期间
   C. 银行存款截止测试的关键在于确定企业在各开户银行的最后一张支票的号码,并查实该号码之前的所有支票均已开出
   D. 存货截止测试的另一种方法是确定被审计年度的最后一张验收报告或审查验收

部门接近年度的业务记录

31. 针对销售交易真实性的审计目标,注册会计师应关心的错误类型有( )。
    A. 向虚构的客户发货并登记入账    B. 未曾发货却已将销售交易登记入账
    C. 已发货的交易未曾登记入账    D. 销售交易重复入账

32. 如果识别出管理层以前未识别出或未向注册会计师披露的关联方关系或重大关联方交易,注册会计师应当( )。
    A. 立即将相关信息向项目组其他成员通报
    B. 如果管理层不披露关联方关系或交易看似是有意的,因而显示可能存在由舞弊导致的重大错报风险,评价这一情况对审计的影响
    C. 对新识别出的关联方或重大关联方交易实施恰当的实质性程序
    D. 在适用的财务报告编制基础对关联方作出规定的情况下,要求管理层识别与新识别出的关联方之间发生的所有交易,以便注册会计师作出进一步评价,并询问与关联方关系及其交易相关的控制为何未能识别或披露该关联方关系或交易

33. 下列说法中,不正确的有( )。
    A. 因为不存在满意的替代程序来观察和计量期末存货,所以注册会计师必须对被审计单位的存货进行监盘
    B. 在存货计价测试中,注册会计师选择样本时应着重选择结存余额较大且价格变化比较频繁的项目,同时考虑所选样本的代表性,一般抽样方法采用概率比例规模抽样法,抽样规模应足以推断总体的情况
    C. 如果存货盘点日不是财务报表日,注册会计师应当实施适当的审计程序,确定盘点日与财务报表日之间存货的变动是否已作正确的记录
    D. 如果只有少数项目构成了存货的主要部分,注册会计师应以实质性程序为主的审计方式获取与"存在"认定相关的证据更为有效

34. 监盘库存现金是注册会计师证实被审计单位资产负债表所列现金是否存在的一项重要程序,被审计单位必须参加盘点的人员有( )。
    A. 出纳员    B. 会计主管人员
    C. 财务总监    D. 内部审计人员

35. 下列关于注册会计师对其他信息的责任的相关表述中,正确的有( )。
    A. 注册会计师在对财务报表出具审计报告时,如果没有法定或约定的义务,不用考虑其他信息
    B. 对于获取其他信息,注册会计师负有主动提请义务
    C. 注册会计师没有专门责任对其他信息披露的适当性发表意见
    D. 如果有法定或约定的义务对某些其他信息实施特别的程序,当这些其他信息存在遗漏或缺陷时,注册会计师应当考虑是否在审计报告中提及该事项

三、简答题(本题型共6题,每题6分,共36分)

36. 注册会计师通常依据各类交易、账户余额、列报和披露的相关认定确定审计目标,

根据审计目标设计审计程序。表1给出了应收账款的相关认定。

表1　　　　　　　　　　　应收账款的相关认定

| 应收账款的相关认定 | 审计目标 | 审计程序 |
|---|---|---|
| 存在 | | (1)<br>(2) |
| 完整性 | | (1)<br>(2) |
| 准确性、计价和分摊 | | (1)<br>(2) |

要求：请根据表1中给出的应收账款的相关认定确定审计目标，并针对每一审计目标简要设计两项审计程序。

37. A注册会计师负责对甲公司2023年度财务报表进行审计。与审计工作底稿相关的部分事项如下：

(1) 由于在审计过程中识别出重大错报并提出审计调整建议，A注册会计师重新评估并修改了重要性，并将记录计划阶段评估的重要性的工作底稿删除，代之以记录重新评估的重要性的工作底稿。

(2) 对于需要系统化抽样的审计程序，A注册会计师通过记录样本的来源来识别已选取的样本。

(3) A注册会计师在审计过程中无法就关联方关系及交易获取充分、适当的审计证据，并因此出具了保留意见审计报告。A注册会计师将该事项作为重大事项记录在审计工作底稿中。

(4) 2024年2月15日，A注册会计师完成审计工作，并于5月15日将审计工作底稿规整为最终审计档案。

(5) 2024年5月20日，A注册会计师意识到甲公司存在舞弊行为，私下修改了部分审计工作底稿，并没有作任何记录。

(6) 2024年7月1日，甲公司财务舞弊案件曝光，A注册会计师擅自销毁了甲公司审计工作底稿。

要求：针对上述第(1)至第(6)项，逐项指出A注册会计师的做法是否恰当。如不恰当，简要说明理由。

38. ABC会计师事务所承接了甲公司2023年度财务报表审计工作，A、B注册会计师在审计银行存款过程中，有如下事项：

(1) 与银行存款函证相关审计计划部分内容如下：A、B注册会计师向甲公司在本期存过款的银行发函，但不包括零余额账户和在本期内注销的账户；A、B注册会计师直接认定银行在回函工作中不会与企业合谋向注册会计师发出带有虚假陈述的回函，认定无须考虑与此相关的舞弊导致的重大错报风险；A、B注册会计师决定以ABC会计师事务所的名义向银行寄发询证函。

(2) ABC 会计师事务所收到 A 银行回函后,发现 A 银行回函表明企业银行存款日记账金额与回函金额有差异。

(3) E 银行账户的银行对账单余额为 1 585 000 元,甲公司银行存款日记账余额为 1 665 000 元,在检查该账户银行存款余额调节表时,A、B 注册会计师注意到以下事项:在途存款 150 000 元;未提现支票 50 000 元;未入账的银行存款利息收入 45 000 元;未入账的银行代扣水电费 25 000 元。

要求:

(1) 针对事项(1),指出银行存款函证相关审计工作计划中的不当之处。并简单说明理由。

(2) 针对事项(2)中函证回函所表明的差异,分析产生该差异的主要原因有哪些。

(3) 针对甲公司 A 银行账户的银行对账单余额与银行存款日记账余额不符,注册会计师实施的最有效的审计程序是什么?

(4) 针对事项(3),请填写银行存款余额调节表(表 2)。假定不考虑其他因素,请指出 E 银行账户审定后的金额是多少。

表 2　　　　　　　　　　　　银行存款余额调节表
2023 年 12 月 31 日　　　　　　　　　　　　　　　　　　　单位:元

| 银行调节项目 | 金　额 | 企业调节项目 | 金　额 |
| --- | --- | --- | --- |
| 银行对账单余额 | | 银行存款日记账余额 | |
| 加:企业已收,银行未收 | | 加:银行已收,企业未收 | |
| 减:企业已付,银行未付 | | 减:银行已付,企业未付 | |
| 实际存款金额 | | 实际存款金额 | |

39. 甲注册会计师作为 ABC 会计师事务所审计项目合伙人,在审计以下单位2023 年度财务报表时分别遇到以下情况:

资料一:

(1) 经审计,发现影响 A 公司持续经营能力的事项,在财务报表附注 12.4.1 中所述,A 公司已经资不抵债,营运资金出现负数,2023 年度发生经营亏损 56 100 万元,最大的股东占用公司资金 28 416 万元,逾期借款及票据 25 680 万元,涉及多起由对外巨额担保等或有事项引起的诉讼和仲裁,部分资产被法院冻结,A 公司可能已经无法在正常的经营过程中清偿债务。对于这点,A 公司已经在财务报表附注中作出恰当的披露,甲注册会计师已经注意 A 公司发布了清算报告,但是 A 公司坚持按照持续经营假设编制了财务报表。

(2) 经查证,发现 B 公司从 2022 年度开始对投资性房地产采用公允模式计量的会计政策,在 2022 年度的审计中,发现 B 公司的投资性房地产并不存在活跃市场,按照公允价值模式计量并不恰当,所以建议其调整,但是 B 公司拒绝调整,故出具了非无保留意见的审计报告。在 2023 年度的财务报表审计中,该事项仍然存在,并对本期也有重大影响。

(3) C 公司在 2023 年度向其控股股东 Q 公司以市场价格销售产品 5 000 万元,以成本加成价格(公允价格)购入原材料3 000万元,上述销售和采购分别占C公司当年销货、购货的比例为50%和40%,C公司已在财务报表附注中进行了适当披露。

(4) 在对D公司的审计中发现,D公司的营业收入虚增100万元,甲注册会计师确定的该公司财务报表层次的重要性水平是80万元,D公司对于该事项拒绝调整(假设不考虑其他因素的影响)。

(5) E公司2023年年末利润总额为5 000万元,其中属于境外某国的全资子公司分回的投资收益2 400万元,由于该国正在发生战争,甲注册会计师无法对该国子公司的情况进行审计,也没有获取该国子公司的审计报告。

资料二:

(1) F公司持续经营假设适当但存在重大不确定性,财务报表附注中对此未作充分披露,甲注册会计师拟在审计报告中增加强调事项段。

(2) 发现含有已审计财务报表的G公司年度报告中披露的年度营业收入总额与已审计财务报表中列示的营业收入金额存在重大不一致,并确定需要修改G公司年度报告而非已审计财务报表,G公司管理层拒绝修改公司年度报告。甲注册会计师认为,上述情形不会影响审计意见,因此无需采取任何行动。

要求:

(1) 针对资料一中第(1)至第(5)项,分别分析甲注册会计师应该出具何种类型的审计报告,并简要说明理由。(提示:针对第(2)项,请说明甲注册会计师对于比较数据和本期数据应该发表何种意见的审计报告,并简单说明在审计报告中应如何体现)

(2) 针对资料二中第(1)项和第(2)项,分别指出甲注册会计师采取的应对措施是否恰当。如不恰当,简要说明正确的应对措施。

40. 2023年9月,ABC会计师事务所首次接受委托审计甲公司2023年度财务报表。委派A注册会计师担任项目负责人。甲公司为果汁生产企业,2023年期初、期末存货余额占资产总额再大。存货主要包括苹果和桶装果汁,其中苹果贮存在各采购地10个简易棚内,桶装果汁贮存在甲公司1个仓库内。甲公司对存货采用永续盘存制核算。甲公司拟于2023年12月31日起开始盘点存货,盘点工作由熟悉相关业务且具有独立性的人员执行。A注册会计师编制的存货监盘计划摘录如下:

(1) 与存货相关的内部控制比较有效,加之存货单位价值不高,将存货认定层次重大错报风险评估为低水平。

(2) 在对桶装果汁实施监盘程序时,采用观察以及检查相关的收、发、存凭证和记录的方法,确定存货的数量。

(3) 甲公司对苹果的盘点计划是:2023年12月31日盘点5个简易棚内苹果,2024年1月5日盘点其他5个简易棚内苹果。根据甲公司的盘点计划,要求项目组成员在上述时间对苹果实施监盘程序。

要求:根据审计准则的要求,指出A注册会计师针对存货期初余额应当实施哪些审计程序。

41. 达正会计师事务所接受委托对克莱斯股份有限公司 2023 年度的财务报表进行审计。根据审计计划的要求,由审计小组中的注册会计师张涛负责对克莱斯股份有限公司的存货进行监盘。在观察克莱斯股份有限公司的盘点过程后,注册会计师张涛正在考虑与抽查相关的问题。

要求:请指出注册会计师张涛应就以下问题作出何种专业判断:

(1) 可供选择的监盘程序包括哪些方式? 在不同的方式下,对盘点结果进行检查的目的分别是什么?

(2) 对于将要抽查测试的存货项目,张涛是否应当与克莱斯股份有限公司进行沟通? 如未能观察到克莱斯股份有限公司对重要存货的盘点,张涛应实施何种程序?

(3) 对于通过实施抽查程序发现的差异,张涛应实施何种审计程序?

## 四、综合题(本题型共 1 题,共 19 分)

42. X 公司主要经营小型机电产品的生产与销售,U 会计师事务所接受委托对其 2022 年度财务报表实施审计,并出具了无保留意见审计报告。2023 年,U 会计师事务所再次接受 X 公司的审计委托,继续指派 L 注册会计师担任该项审计业务的项目负责人。按照双方的约定,外勤审计工作于 2024 年 3 月 1 日至 10 日进行,并于 3 月 15 日向 X 公司提交审计报告。

资料一:

(1) 编制审计计划前,L 注册会计师及项目组成员了解了 X 公司及其环境,并将营业收入项目的"发生"认定和应收账款项目的"存在"认定评估为重大错报风险高的审计领域。

(2) 为应对评估的重大错报风险,L 注册会计师决定将函证程序作为重要的实质性程序,对抽取的所有样本均以积极的方式实施函证。

(3) 受市场竞争影响,X 公司所属行业 2023 年销售量比上年普遍下降。为巩固市场份额,X 公司在 2023 年销售价格与上年持平的前提下,从年初开始向顾客提供免费商品运输,期望此举能提升 10% 的销售量。

(4) 为推动产品的更新换代,X 公司于 2023 年开始按正常赊购量的 50% 向所有顾客推荐新产品,并在销售合同中对新产品增加了 6 个月内无条件退货的新条款。

资料二:

X 公司编制的应收账款账龄分析表及坏账准备的余额摘录见表 3。

表 3 应收账款账龄分析表及坏账准备的余额摘录    金额单位:万元

| 账 龄 区 间 | 应收账款余额 | | 计提坏账准备的比例 | | 计提的坏账准备 | |
| --- | --- | --- | --- | --- | --- | --- |
| | 2022 年年末 | 2023 年年末 | 2022 年年末 | 2023 年年末 | 2022 年年末 | 2023 年年末 |
| 1 年以内 | 3 440 | 3 450 | 5% | 10% | 172 | 345 |
| 1~2 年 | 560 | 460 | 10% | 15% | 56 | 69 |
| 2~3 年 | 55 | 80 | 20% | 25% | 11 | 10 |
| 3 年以上 | 10 | 60 | 30% | 50% | 3 | 30 |
| 合计 | 4 065 | 4 250 | — | — | 242 | 454 |

资料三：

审计项目组成员从 X 公司 2023 年 12 月 31 日应收账款明细表中抽取一定数量的客户进行函证。以下客户的回函情况(表 4)引起了 L 注册会计师的关注。

表 4　　　　　　　　　　　　　　客户回函　　　　　　　　　　　金额单位:元

| 客　户 | X 公司账面金额 | 客户回函金额 | 差　异　金　额 | 审　计　说　明 |
|---|---|---|---|---|
| A | 36 000 | 30 000 | 6 000 | (1) |
| B | 80 000 | 0 | 80 000 | (2) |
| C | 46 000 | 46 000 | 0 | (4) |
| D | 78 000 | 未回函 | 不适用 | (5) |

审计说明：
(1) 回函直接寄回本所。询问 X 公司销售经理与财务经理获知,2023 年 7 月 15 日赊销的产品中含有新产品 6 000 元。36 000 元货款已于 2024 年 1 月 31 日收到。该笔销售货款两清,不存在虚构销售行为,回函差异不构成错报,无须实施进一步审计程序。
(2) 回函直接寄回本所。客户回函反映产品型号与合同约定不符,要求退货。X 公司提供的销售合同、发货凭证和销售发票表明,E 运输公司 2022 年因工作疏忽将应发给 F 公司的商品错发给 B 公司。E 公司已承诺尽快调换两客户错发的商品。回函差异不构成错报。
(3) 回函由 C 公司财务经理在会议期间亲自委托 X 公司财务负责人当面转交本所。基于职业谨慎,向 C 公司财务负责人电话查询,该负责人证实回函内容及委托转交信函的真实性。回函无差异,回函的可靠性也得以证实,无须实施进一步审计程序。
(4) 函证发出后 20 天未收到回函,电话催促无果。为获得充分、适当的审计证据,放弃向 D 公司函证,改向 G 公司函证并收到回函。在实施了必要的审计程序后,确认不存在审计差异,无须实施进一步审计程序。

要求：
(1) 针对资料二,结合资料一,假定不考虑其他条件,必要时采用分析程序,指出资料二中应收账款及坏账准备资料存在哪些明显的不当之处,并简单说明理由。
(2) 针对资料三中的审计说明第(1)至第(4)项,结合资料一,假定不考虑其他条件,逐项指出 A 注册会计师实施的审计程序及其结论是否存在不当之处。如果存在,简要说明理由并提出改进建议,将答案直接填入表 5 中。

表 5　　　　　　　　　　　　　审计说明

| 审计说明序号 | 实施的审计程序及其结论是否存在不当之处(是/否) | 理　由 | 改　进　建　议 |
|---|---|---|---|
| (1) | | | |
| (2) | | | |
| (3) | | | |
| (4) | | | |

# 模拟测试题（一）参考答案

## 一、单项选择题

| 1 | 2 | 3 | 4 | 5 | 6 | 7 | 8 | 9 | 10 |
|---|---|---|---|---|---|---|---|---|---|
| C | A | C | D | B | D | A | C | B | D |
| 11 | 12 | 13 | 14 | 15 | 16 | 17 | 18 | 19 | 20 |
| C | B | A | C | A | C | D | B | C | D |
| 21 | 22 | 23 | 24 | 25 | | | | | |
| D | D | D | B | C | | | | | |

## 二、多项选择题

| 26 | 27 | 28 | 29 | 30 | 31 | 32 | 33 | 34 | 35 |
|---|---|---|---|---|---|---|---|---|---|
| ABCD | ABD | ABCD | ABD | ABCD | ABD | ABCD | AB | AB | BCD |

## 三、简答题

36. 答案见表1。

表1　　　　　　　　　　　应收账款的相关规定

| 应收账款的相关认定 | 审计目标 | 审计程序 |
|---|---|---|
| 存在 | 存在 | (1) 向客户函证；<br>(2) 从应收账款明细账账簿记录追查至记账凭证，检查销售合同、发票存根与发运凭证 |
| 完整性 | 完整性 | (1) 选取发运凭证，追查至销售发票、记账凭证、应收账款明细账；<br>(2) 选取销售发票，追查至发运凭证、记账凭证、应收账款明细账 |
| 计价和分摊 | 准确性、计价和分摊 | (1) 检查期后已收回应收账款情况；<br>(2) 分析应收账款账龄，确定坏账准备计提是否适当 |

37. (1) 不恰当。A注册会计师需要记录对重要性作出的修改以及理由，因此应当保留原重要性和重新评估的重要性的修改痕迹。

(2) 不恰当。对于需要系统化抽样的审计程序，A注册会计师可能会通过记录样本的来源、抽样的起点及抽样间隔来识别已选取的样本。仅仅通过样本的来源，不足以识别已选取的样本。

(3) 恰当。

(4)不恰当。A注册会计师应当在报告日后60天内将工作底稿归档。

(5)不恰当。在归整审计档案后,如果有必要修改或增加底稿,A注册会计师应记录修改或增加底稿的时间和人员,以及复核的时间和人员;记录修改或增加底稿的理由。

(6)不恰当。在完成归档后,A注册会计师不应在规定保管期限届满前删除或废弃任何审计工作底稿。

38.(1)第一,A、B注册会计师仅向本期存过款的银行发函是不当的,应当向甲公司在本年存过款的所有银行发函,包括零余额账户和在本年内注销的账户。

第二,A、B注册会计师直接认定银行在回函工作中不会与企业合谋向注册会计师发出带有虚假陈述的回函以及认定无须考虑与此相关的舞弊导致的重大错报风险是不当的。注册会计师应当在考虑银行回函工作相关舞弊导致的财务报表重大错报风险的基础上,谨慎对待银行存款函证工作。

第三,A、B注册会计师决定以ABC会计师事务所的名义向银行寄发询证函是不当的,应当以甲公司的名义向银行寄发询证函。

(2)差异产生的主要原因有:可能是由于双方登记入账的时间不同,或是由于一方或双方记账错误,也可能是甲公司存在舞弊行为。

(3)注册会计师可以自行编制银行存款余额调节表,或从被审计单位获取银行存款余额调节表,以验证这些不符事项;编制银行存款余额调节表可以检查调节后银行存款日记账金额与银行对账单余额是否一致。

(4)答案见表2。

表2　　　　　　　　　　　银行存款余额调节表
2023年12月31日　　　　　　　　　　　　　　　单位:元

| 银行调节项目 | 金　额 | 企业调节项目 | 金　额 |
| --- | --- | --- | --- |
| 银行对账单余额 | 1 585 000.00 | 银行存款日记账余额 | 1 665 000.00 |
| 加:企业已收,银行未收 | 150 000.00 | 加:银行已收,企业未收 | 45 000.00 |
| 减:企业已付,银行未付 | 50 000.00 | 减:银行已付,企业未付 | 25 000.00 |
| 实际存款金额 | 1 685 000.00 | 实际存款金额 | 1 685 000.00 |

39.(1)第(1)项,出具否定意见的审计报告。A公司已发布了清算报告,但财务报表仍然按照持续经营假设基础编制,导致整套财务报表的失实,应发表否定意见的审计报告。

第(2)项,出具保留或否定意见的审计报告。甲注册会计师在本年度审计报告的说明段中清楚说明未解决事项对比较数据和本期数据的重大影响。

第(3)项,出具标准无保留意见的审计报告。C公司与关联方Q公司的交易价格公允,且关联方关系及其交易已经恰当披露,符合企业会计准则和相关会计制度的规定。

第(4)项,出具保留意见的审计报告。因为D公司拒绝调整的错报超过了财务报表层次的重要性水平,但不是远远超过,所以发表保留意见即可。

第(5)项,出具无法表示意见的审计报告。由于E公司在外国的子公司分回的利润占利润总额的比例达到了48%,注册会计师对于高比例的利润无法采取审计程序,属于审计范围受到了非常严重和广泛的限制,应该出具无法表示意见的审计报告。

(2)第(1)项,不恰当。财务报表附注未作充分披露,甲注册会计师应当发表保留或否定意见。

第(2)项,不恰当。甲注册会计师应当与治理层沟通;还应当采取下列三项措施之一:①在审计报告中增加其他事项段;②拒绝提交审计报告;③解除业务约定。

40. A注册会计师应当实施下列一项或多项审计程序,以获取充分、适当的审计证据:

(1)监盘当前的存货数量并调节至期初存货数量。

(2)对期初存货项目的计价实施审计程序。

(3)对毛利和存货截止实施审计程序。

41. (1)监盘程序的实施方式包括控制测试与实质性程序两种方式。在控制测试方式下,检查的主要目的是确证克莱斯股份有限公司的盘点计划是否得到了适当的执行;在实质性程序方式下,检查的主要目的是证实克莱斯股份有限公司的存货实物总额。

(2)对于将要检查测试的存货项目,张涛不应与克莱斯股份有限公司进行沟通,而应尽可能避免克莱斯股份有限公司了解将要抽查测试的存货项目。如未能观察到克莱斯股份有限公司对重要存货的盘点,张涛应实施实质性的盘点程序。

(3)对于检查发现的差异,张涛应查明原因,及时提请克莱斯股份有限公司更正;考虑错误潜在的范围和重大程度,在可能的情况下,增加检查范围,以减少错误的发生。张涛也可要求克莱斯股份有限公司就某一特定领域或特定盘点小组的盘点范围进行重新盘点。

四、综合题

42. (1)有三处明显的不当之处。

第一,2023年年末1年以内应收账款余额可能存在高估。假定免费提供运输能提升10%的销售、X公司的销售不受市场竞争影响,估计的全年赊销额为3 784万元[3 440×(1+10%)]。考虑到下半年商品销售中有50%的商品在2024上半年才达到6个月无条件退货期。这部分商品不能确认为当年的销售,应当合理预期全年赊销额为2 838万元(3 784×75%),比上年有大幅下降,但X公司2023年度的赊销额不降反升,很可能存在高估的错报。

第二,2023年年末应收账款总额(合计数)不正确,应为4 050万元。

第三,2023年年末2~3年应收账款对应的坏账准备余额应为20万元而不是10万元,相应地,2023年坏账准备余额应为464万元而不是454万元。

(2)答案见表3。

| 表3 | | 审计说明 | |
|---|---|---|---|
| 审计说明序号 | 实施的审计程序及其结论是否存在不当之处(是/否) | 理　由 | 改　进　建　议 |
| (1) | 是 | 询问获得的证据可靠性低,不足以形成审计结论 | 获取新产品销售合同,确认6个月无条件退货的条款;获取新产品发货凭证、确认发货日期以及是否需要建议调整财务报表 |
| (2) | 是 | 未向B公司和F公司提供要求的商品,不能确认收入 | 建议冲减因B公司、F公司2022年度与该笔业务相关的销售收入与应收账款,并对财务报表进行相应调整 |
| (3) | 是 | 回函方式不符合规定,应直接寄回会计师事务所 | 直接要求C公司再次回函并直接寄回会计师事务所 |
| (4) | 是 | 采用积极的方式函证未收到回函,应实施替代审计程序 | 从X公司获取销售合同、发货凭证、销售发票等,向E运输公司获取运输单,证实应收账款是否存在 |

# 模拟测试题(二)

一、单项选择题(本题型共25题,每题1分,共25分,每题只有一个正确答案)

1. 戊注册会计师负责对E公司2023年度财务报表进行审计。在对销售与收款循环审计过程中,遇到下列事项,请代为作出正确的专业判断。对赊销业务需要执行信用部门审批控制,与这一控制最直接相关的项目是( )。

  A. 应收账款账面余额   B. 主营业务收入的确认
  C. 销售折扣的计算   D. 坏账准备的计提

2. 戊注册会计师计划测试E公司2023年度主营业务收入的发生。下列各项中,可以实现该目标的最佳审计程序是( )。

  A. 从主营业务收入明细账中抽取2024年1月的明细记录,检查相应的记账凭证、发运凭证和销售发票

  B. 从主营业务收入明细账中抽取2023年12月的明细记录,检查相应的记账凭证、发运凭证和销售发票

  C. 抽取2023年12月的销售发票,检查相应的发运凭证和账簿记录

  D. 抽取2023年12月的发运凭证,检查相应的销售发票和账簿记录

3. 对于下列应收账款认定,通过实施函证程序,注册会计师认为最可能证实的是( )。

  A. 准确性、计价和分摊   B. 准确性
  C. 存在   D. 完整性

4. ABC会计师事务所承接了甲公司2023年度财务报表审计业务,A注册会计师负责货币资金项目审计。在审计的过程中,遇到下列问题,请代为作出正确的专业判断。如果A注册会计师要证实甲公司在临近2023年12月31日签发的支票都已登记入账,最有效的审计程序是( )。

  A. 检查2023年12月31日的银行对账单

  B. 函证2023年12月31日的银行存款余额

  C. 检查2023年12月31日的银行存款余额调节表

  D. 检查2023年12月的支票存根和银行存款日记账

5. (接第4题)A注册会计师通过了解,发现甲公司有三个部门同时存放有库存现金,A注册会计师在安排工作时应( )。

  A. 同时进行盘点

  B. 由保管人员先自行清点,然后A注册会计师再逐个查看结果

C. 将库存现金集中在一处,一并进行盘点

D. A注册会计师逐个对三个部门的库存现金进行监盘

6. (接第5题)函证银行存款是证实银行存款是否存在的重要程序。下列有关银行存款函证的说法中,不正确的是(　　)。

　　A. 函证可以证实甲公司是否存在银行已贴现而尚未到期的商业汇票

　　B. 函证可以发现甲公司为出票人、银行承兑但尚未支付的承兑汇票

　　C. 函证可以证实银行存款的存在性,但不能证实银行借款的完整性

　　D. 函证应以甲公司的名义发往开户银行且要求直接回函到事务所

7. A注册会计师负责甲公司2023半年财务报表审阅业务,在审阅过程中,遇到以下问题,请代为作出正确的判断。下列关于审阅业务的说法中,正确的是(　　)。

　　A. 审阅业务中要求的鉴证业务风险低于审计业务的鉴证风险

　　B. 审阅业务中要求提供合理保证

　　C. 审阅报告中对财务报表可以采用积极方式提出结论,也可以采用消极方式提出结论

　　D. 委托人不能依赖财务报表审阅揭示错误、舞弊和违反法规行为

8. 以下关于审计业务程序的说法中,不正确的是(　　)。

　　A. 注册会计师对财务报表审阅以询问和分析程序为主

　　B. 与审计相比,审阅在证据收集程序的性质、时间、范围等方面是有意识地加以限制的

　　C. 注册会计师一定不执行在审计业务中执行的某些程序。例如,对内部控制进行测试、对存货进行监盘、对应收款项实施函证等

　　D. 注册会计师还应当询问在财务报表日后发生的、可能需要在财务报表中调整或披露的期后事项,但注册会计师没有责任实施程序识别审阅报告日后发生的事项

9. 在审阅报告中,不应当包含的描述是(　　)。

　　A. 我们按照《中国注册会计师审阅准则》的规定执行审阅业务

　　B. 我们没有实施审计,因而不发表审计意见

　　C. 根据我们的审阅,由于受到前段所述事项的重大影响,财务报表未能按照企业会计准则和《××会计制度》的规定编制

　　D. 根据我们的审阅,我们没有注意到任何事项使我们相信财务报表是按照企业会计准则和《××会计制度》的规定编制,在所有重大方面公允反映被审阅单位的财务状况、经营成果和现金流量

10. 甲注册会计师负责对A公司2023年度财务报表进行审计。A公司采用永续盘存制核算存货。在实施存货监盘程序时,甲注册会计师遇到下列事项,请代为作出正确的专业判断。甲注册会计师在检查A公司存货时,注意到某些存货项目实际盘点的数量大于永续盘存记录中的数量。下列各项中,假定不考虑其他因素,最可能导致这种情况的是(　　)。

　　A. 供应商向A公司提供购货折扣

　　B. A公司向客户提供销货折扣

C. A公司已将购买的存货退给供应商

D. 客户已将购买的存货退给甲公司

11. (接第10题)甲注册会计师应当特别关注存货的移动情况,目的是( )。

A. 观察A公司是否已经恰当区分所有毁损、陈旧、过时及残次的存货

B. 确定A公司是否恰当记录了存货项目的入账价值

C. 防止遗漏或重复盘点

D. 确定A公司的存货所有权,检查是否被纳入盘点范围

12. 下列关于函证的说法中,错误的是( )。

A. 询证函的设计服从于审计目标的需要

B. 询证函应该以事务所名义发出

C. 在对应付账款的完整性获取审计证据时,根据被审计单位的供货商明细表向被审计单位的主要供货商发出询证函,比从应付账款明细表中选择询证对象更容易发现未入账的负债

D. 在函证应收账款时,可以在询证函中不列出账户余额,而是要求被询证者提供余额信息

13. A注册会计师计划测试期末长期股权投资余额的完整性,以下程序中,可能实现该审计目标的实质性程序是( )。

A. 检查长期股权投资有关的投资授权文件、被投资单位出具的股权证明、投资付款记录等原始凭证

B. 检查董事会会议记录、投资合同、交易对方提供的对账单、盘点报告等,看其与投资会计记录是否相符

C. 检查被审计单位是否定期与交易对方或被投资方核对账目

D. 追查投资记录至所附的原始凭证

14. A注册会计师计划测试期末长期借款余额的"存在"认定。以下程序中,可能实现该审计目标的是( )。

A. 检查长期借款的使用是否符合借款合同的规定

B. 对新增加的长期借款,检查借款合同和授权批准

C. 对年度内减少的长期借款,检查相关记录和原始凭证

D. 检查长期借款是否已在资产负债表上充分披露

15. 下列各项中,不属于注册会计师对被审计单位的采购与付款业务实施的控制测试的是( )。

A. 检查有无长期挂账的应付账款,注意其是否可能无需支付

B. 检查采购与付款业务授权批准手续是否健全,有无存在越权审批行为

C. 检查有关凭证上内部核查的标记

D. 检查订购单连续编号的完整性

16. 下列有关对内部控制了解的相关说法中,错误的是( )。

A. 了解内部控制时可以实施重新执行程序

B. 注册会计师在了解内部控制时,应当评价控制的设计,并确定其是否得到执行

C. 除非存在某些可以使控制得到一贯运行的自动化控制,否则注册会计师对内部控制的了解并不足以测试内部控制运行的有效性

D. 询问本身并不足以评价内部控制的设计以及确定其是否得到执行,注册会计师应当将询问与其他风险评估程序结合使用

17. 销售与收款循环业务的起点是( )。

A. 顾客提出订货要求  B. 向顾客提供商品或劳务
C. 商品或劳务转化为应收账款  D. 收入货币资金

18. 下列关于审计风险、重要性、审计证据之间关系的说法中,错误的是( )。

A. 可接受的审计风险与审计证据的数量之间存在反向变动关系

B. 重要性和审计证据的数量之间存在反向变动关系

C. 重要性和审计证据的数量之间存在同向变动关系

D. 注册会计师不能通过不合理地人为调高重要性水平,降低审计风险

19. 如果注册会计师认为使用区间估计评价管理层的点估计是适当的,注册会计师在根据自己作出的区间估计评价管理层的错报大小时,下列说法中,正确的是( )。

A. 错报不小于管理层的点估计与注册会计师区间估计之间的最小差异

B. 错报不小于管理层的点估计与注册会计师区间估计之间的最大差异

C. 错报等于管理层的点估计与注册会计师区间估计之间的最大差异的75%

D. 错报不大于管理层的点估计与注册会计师区间估计之间的最小差异

20. A公司的会计记录显示,2023年12月某类存货销售激增,导致该类存货库存数量下降为零。下列关于甲注册会计师对该类存货采取的措施中,难以发现可能存在虚假销售的是( )。

A. 计算该类存货2023年12月的毛利率,并与以前月份的毛利率进行比较

B. 进行销货截止测试,并检查期后是否存在大额的销售退回

C. 仍将该类存货列入监盘范围并进行重点抽查

D. 选择2023年12月大额销售客户寄发询证函

21. 在对存货实施监盘程序时,下列关于注册会计师的做法中,不正确的是( )。

A. 对于已作质押的存货,向债权人函证与被质押存货相关的内容

B. 对于受托代存的存货,实施向存货所有权人函证等审计程序

C. 对于因性质特殊而无法监盘的存货,实施向顾客或供应商函证等审计程序

D. 在首次接受委托的情况下,对存货的期末余额不通过执行监盘程序确认,而是根据公司存货收发制度确认

22. 下列对存货项目审计的说法中,正确的是( )。

A. 存货的"完整性"和"存在"认定不可用监盘程序予以证实

B. 对第三方持有公司存货的情况,应根据公司存货收发存制度确认存货的余额

C. 存货计价审计的样本应着重选择余额较小且价格变动不大的存货项目

D. 在某些情况下,管理层或注册会计师可能识别出永续盘存记录和现有实际存货数量之间的差异,这可能表明对存货变动的控制没有有效运行

23. 为了证实已发生的销售业务均已登记入账,有效的做法是(　　)。

A. 只审查销售日记账　　　　　　B. 由日记账追查有关原始凭证

C. 只审查有关原始凭证　　　　　D. 由有关原始凭证追查销售日记账

24. 下列各项中,不属于应收账款实质性程序的是(　　)。

A. 获取或编制应收账款明细表

B. 分析应收账款账龄

C. 核对货运文件样本与相关的销售发票

D. 抽查有无不属于结算业务的债权

25. 验收商品是购货业务中的重要环节,验收单作为这一环节中的关键凭证,备受审计人员的重视。以下关于验收单的各种说法中,注册会计师不认可的是(　　)。

A. 验收部门应对已收到货物的每张订购单编制一式多联、预先编号的验收单

B. 验收人员在将已验收商品送交仓库或其他请购部门时,可要求接收人在验收单副联上签字,以确定签收部门的保管责任

C. 验收人员应将验收单的副联之一送交应付凭单部门

D. 验收单是支持"发生"的重要凭据,但被审计单位无法通过验收单发现购货交易"完整性"认定的错误

二、**多项选择题**(本题型共10题,每题2分,共20分。每题均有多个正确答案,请从每题的备选答案中选出你认为正确的答案,每题所有答案选择正确的得分;不答、错答、漏答均不得分)

26. ABC会计师事务所接受委托审计K公司2023年度财务报表。A注册会计师任项目负责人在对收入进行审计的过程中,遇到下列事项,请代为作出正确的专业判断。为了证实已登记入账的销售交易的真实性,A注册会计师可以执行的审计程序有(　　)。

A. 检查发运凭证连续编号的完整性

B. 从主营业务收入明细账中抽取若干笔分录,追查有无发运凭证及其他佐证

C. 检查企业的销售交易记录清单以确定是否存在重号、缺号

D. 检查主营业务收入明细账中与销售分录相对应的销货单,以确定销售是否履行赊销审批手续和发货审批手续

27. 在对应收账款实施函证程序时,以下关于注册会计师的做法中,正确的有(　　)。

A. 如果以前期间函证中发现过重大差异,或欠款纠纷较多,则函证范围应相应缩减一些

B. 注册会计师为增强审计程序的不可预见性,可以对销售条款进行函证

C. 如果重大错报风险评估为低水平,注册会计师可以选择财务报表日前适当日期为截止日实施函证,并对所函证项目自该截止日起至财务报表日止发生的变动实施

实质性程序

D. 虽然注册会计师基于以往的审计经验,认为某被询证者回函不可靠,函证很可能无效,但考虑到应收账款的重要程度,仍应当对其进行函证

28. 如果是新业务,集团项目组可以通过(　　)途径了解集团及其环境、集团组成部分及其环境。

A. 集团管理层提供的信息

B. 与集团管理层的沟通

C. 如适用,与前任集团项目组、组成部分管理层或组成部分注册会计师的沟通

D. 集团层面控制的变化

29. A注册会计师负责甲公司2023年度财务报表审计,在审计甲公司采购与付款循环时,遇到以下问题,请代为作出正确的判断。在了解及实施适当控制测试后,发现甲公司材料采购业务存在以下情况,其中,内部控制设计合理的有(　　)。

A. 验收人员出差期间,验收业务交由采购人员代为执行

B. 请购单没有连续编号,请购业务的审批人员几乎涉及各个部门

C. 验收合格后由负责核实价格的验收人员在验收单上填写材料的实际数量,根据卖方发票的单价计算金额,如未接到卖方发票,被验收的材料暂不填写验收单

D. 被授权签署支票的人员应当确定每张支票都附有一张已经适当批准的未付款凭单。支票一经签署就应在其凭单和支持性凭证上用加盖印戳或打洞等方式将其注销

30. (接第29题)下列各项中,属于为证实采购业务的存在而实施的控制测试程序的有(　　)。

A. 检查注销凭证的标记　　　　　　B. 检查批准采购的标记

C. 检查验收单连续编号的完整性　　D. 检查批准采购价格和折扣的标记

31. (接第30题)以下实质性程序中,(　　)是为了检查应付账款是的完整性。

A. 针对已偿付的应付账款,追查至银行对账单、银行付款单据和其他原始凭证,检查其是否在财务报表日前真实偿付

B. 结合存货监盘程序,检查被审计单位在财务报表日前后的存货入库资料(验收报告或入库单),检查是否有大额料到单未到的情况

C. 检查财务报表日后应付账款明细账贷方发生额的相应凭证,关注其购货发票的日期,确认其入账时间是否合理

D. 确定期末最后一份验收单的顺序号码,以检测记录在本会计期间的验收单是否存在更大的顺序号码,或检测记录在下一会计期间的验收单是否存在更小的顺序号码

32. 针对固定资产的期初余额,以下关于注册会计师的做法中,正确的有(　　)。

A. 在连续审计情况下,应注意与上期审计工作底稿中的固定资产和累计折旧的期末余额审定数核对相符

B. 在变更会计师事务所时,后任注册会计师应查阅前任注册会计师有关工作底稿

C. 如果被审计单位以往未经注册会计师审计,即在首次接受审计情况下,注册会计

师应对期初余额进行较全面的审计,尤其是当被审计单位的固定资产数量多、价值高、占资产总额比重高时,最理想的方法是全面审计被审计单位设立以来"固定资产"和"累计折旧"账户中的所有重要的借贷记录

D. 如果被审计单位以往未经注册会计师审计,即在首次接受审计情况下,注册会计师应在强调事项段提及以前未经审计的情况

33. 在对应收账款实施函证程序后,形成了对函证结果的总结和评价。以下说法中,正确的有(　　)。

A. 如果函证结果表明没有审计差异,则可以合理推论应收账款的可收回性不存在问题

B. 如果函证结果表明存在审计差异,则应当估算应收账款总额中可能出现的累计差错是多少

C. 如果函证结果表明存在审计差异,则注册会计师应当将发现的错报与可容忍错报进行比较,决定是否接受该总体

D. 如果函证结果表明没有审计差异,则可以合理推论全部应收账款总体是正确的

34. 为确定K公司主营业务收入的会计记录归属期是否正确,A注册会计师实施了销售截止测试。以下有关做法中,正确的有(　　)。

A. 从财务报表日前后若干天的账簿记录查至记账凭证,检查发票存根与发运凭证

B. 从财务报表日前后若干天的发票存根查至发运凭证与账簿记录

C. 从财务报表日前后若干天的发运凭证查至发票开具情况与账簿记录

D. 从财务报表日前后若干天账簿记录的会计分录查至经过批准的销售价目表

35. 下列说法中,不正确的有(　　)。

A. 在审查被审计单位的销售业务时,如果注意到被审计单位治理层为管理层设定了过高的销售业绩或利润指标,注册会计师应当怀疑该客户发生侵占资产的舞弊风险较高

B. 鉴于对被审计单位管理方面的进一步改善,注册会计师对管理层实施的财务报表错报风险评估及相关控制评估的性质、范围和频率的疑虑应当及时与管理层进行沟通,以及时采取应对措施予以更正

C. 如果公司管理层能够凌驾于内部控制之上,可以随意操纵会计记录使得舞弊者具有了舞弊的借口,会增加由舞弊导致的重大错报风险

D. 在抽查甲公司的工资费用时,注册会计师发现该公司维修车间负责人在被检查的一位已辞职回家的职员领取了本月工资。经查这笔工资属于冒名顶替。注册会计师将此事项记录在工作底稿中并报告给相关负责人之后结束了对工资项目的审查

三、**简答题**(本题型共6题,每题6分,共36分)

36. 注册会计师王红通过对CA公司存货项目的相关内部控制制度进行分析评价后,发现该公司存在下列五种可能导致出现错误的状况:

(1)库存现金未经认真盘点。

(2) 接近财务报表日前入库的 A 产品可能已记入存货项目,但可能未进行相关的会计记录。

(3) 由××公司代管的甲材料可能并不存在。

(4) ××公司存放在 CA 公司仓库的乙材料可能已记入 CA 公司的存货项目。

(5) 本次审计为 CA 公司成立以来的首次审计。

要求:请根据上列情况分别指出其审计程序、审计目标和应收集哪些审计证据。

37. 应收账款函证结果与被审计单位会计记录不一致的主要原因有哪些?注册会计师应相应实施哪些必要的审计程序?

38. 北京东方会计师事务所注册会计师王豪、李民对 ABC 股份有限责任公司(上市公司)2023 年度会计报表进行审计的工程中,获取的该公司 2023 年 12 月 31 日的相关会计记录资料见表 1。

表 1　　　　　　　　　相关会计记录资料　　　　　　　单位:万元

| 项目名称 | 金额 |
| --- | --- |
| 银行存款 | 5 000 |
| 短期投资 | 600 |
| 应收票据 | 12 000 |
| 应收账款(净额) | 75 000 |
| 其他应收款 | 24 000 |
| 存货 | 84 000 |
| 固定资产(净额) | 97 800 |
| 在建工程 | 26 300 |
| 应付账款 | 34 570 |
| 银行借款(抵押借款部分) | 56 800 |
| 实收资本(内部职工及社会公众股) | 18 000 |
| 资本公积 | 48 750 |
| 主营业务收入净额 | 675 000 |
| 主营业务利润 | 67 898 |
| 利息支出 | 5 464 |

要求:请根据上述资料回答下列问题,并将答案填入答题卷的表格内:

(1) 上述项目中适用函证程序的有哪些?

(2) 接受函证的对象有哪些?

(3) 函证的主要内容是什么?

(4) 可以选用的函证方式是什么?

39. B 注册会计师接受委托,对常年审计客户丙公司 2023 年度财务报表进行审计。丙公司为玻璃制造企业,存货主要有玻璃、煤炭和烧碱,其中少量玻璃存放于外地公用仓库。另有丁公司部分水泥存放于丙公司的仓库。丙公司拟于 2023 年 12 月 29 日至 12 月

31日盘点存货,以下是B注册会计师撰写的存货监盘计划的部分内容:

## 存货监盘计划

一、存货监盘的目标

检查丙公司2023年12月31日存货数量是否真实完整。

二、存货监盘范围

2023年12月31日库存的所有存货,包括玻璃、煤炭、烧碱和水泥。

三、监盘时间

存货的观察与检查时间均为2023年12月31日。

四、存货监盘的主要程序

1. 与管理层讨论存货监盘计划。

2. 观察丙公司盘点人员是否按照盘点计划盘点。

3. 检查相关凭证以证实盘点截止日前所有已确认为销售但尚未装运出库的存货均已纳入盘点范围。

4. 对于存放在外地公用仓库的玻璃,主要实施检查货运文件、出库记录等替代程序。

……

要求:

(1) 请指出存货监盘计划中目标、范围和时间存在的错误,并简要说明理由。

(2) 请判断存货监盘计划中列示的主要程序是否恰当,若不恰当,请予以修改。

40. 乙注册会计师在对P公司2023年度会计报表进行审计时,对P公司的银行存款实施的部分审计程序为:

(1) 取得2023年12月31日银行存款余额调节表。

(2) 向开户银行寄发银行询证函,并直接收取寄回的询证函回函。

(3) 取得开户银行2024年1月31日银行对账单。

要求:

(1) 请问乙注册会计师向开户银行函证的作用有哪些?

(2) 请问乙注册会计师应采取什么方式才能直接收回开户银行的询证函?其目的是什么?

(3) 请问乙注册会计师取得银行存款余额调节表后,应检查哪些内容?

(4) 请问乙注册会计师索取开户银行2024年1月31日日银行对账单,能证实2023年11月31日银行存款余额调节表的哪些内容?

41. 注册会计师郭静在审计A公司2023年度会计报表将近结束时,A公司财务主管提出不必抽查2024年付款记账凭证来证实2023年的会计记录,其理由如下:①2023年度的有些发票因收到太迟,不能记入12月份的付款记账凭证,公司已经全部用转账分录入账;②年后由公司内部审计人员进行了抽查;③公司愿意提供无漏记负债业务的说明书。

要求:

(1) 注册会计师在执行抽查未入账债务程序时,是否可以因客户已利用转账分录将 2023 年迟收发票入账的事实而改变原定程序?

(2) 注册会计师抽查未入账债务是否因客户愿意提供无漏记债务说明书而受影响?

(3) 注册会计师在抽查未入账债务的程序时可否因内部审计人员的工作而取消或减少?

(4) 除 2024 年付款记账凭证外,注册会计师还可以从何种途径审查是否存在未入账的债务?

**四、综合题**(本题型共 1 题,共 19 分。答案中的金额用人民币万元表示,有小数的保留两位小数,小数点两位后四舍五入)

42. 甲公司系 ABC 会计师事务所的常年审计客户,主要从事电子产品的生产和销售。ABC 会计师事务所委派 X 注册会计师担任甲公司 2023 年度财务报表审计项目合伙人。在审计存货时,X 注册会计师编制了相关工作底稿,部分内容摘录如下:

(1) 资料一见表 2。

表 2　　　　　　　　　　　资料一　　　　　　　　　金额单位:万元

| 甲　公　司 | | | | 索引号:B1-1 |
|---|---|---|---|---|
| 原材料审计表 | | 编制:(略) | | 日期:2024 年 3 月 5 日 |
| 截至 2023 年 12 月 31 日 | | 审核:(略) | | 日期:2024 年 3 月 5 日 |
| | | 2023 年 | | 2022 年 |
| | 索引 | 未审数 | 审计调整 | 审定数 | 已审数 |
| A 原材料 | 注释 1 | 40 | | 40 | 100 |
| B 原材料 | 注释 2 | 200 | 50 | 250 | 450 |
| C 原材料 | 注释 3 | 50 | -20 | 30 | 200 |
| …… | (略) | … | … | … | … |
| 减:存货跌价准备 | B1-3 | 0 | 0 | 0 | 0 |
| 合计 | | 2 000 | -60 | 1 940 | 1 800 |

注释 1:A 原材料主要用于生产 A 产品。A 原材料 2023 年年末结存数量与 2022 年年末基本保持一致,但结存金额比 2022 年年末有所减少。主要原因是:A 原材料供应商从 2023 年年初开始向甲公司提供采购折扣(年末一次性结算)。甲公司在 2023 年 12 月 31 日收到 A 原材料供应商支付的 2023 年度采购折扣 60 万元,并相应冲减 A 原材料 2023 年年末结存成本 60 万元。我们检查了采购合同、供应商出具的采购折扣结算明细表以及相关的银行进账单据,没有发现异常。审计处理建议:无须提出审计调整建议。

注释 2:B 原材料主要用于生产 B 产品。根据 B 原材料盘点结果,2023 年年末结存金额未包括于 2023 年 12 月 31 日已入库但尚未收到采购发票的 50 万元 B 材料。审计处理建议:已提出审计调整建议,于 2023 年年末补计已入库的 B 原材料 50 万元。

注释 3:C 原材料主要用于生产 C 产品。根据 C 原材料盘点结果,2023 年年末结存金额中有 20 万元的 C 原材料在 2023 年 12 月 31 日收到采购发票,但于 2024 年 1 月 1 日才实际收到入库。审计处理建议:已提出审计调整建议,于 2023 年年末冲回尚未收到入库的 C 原材料 20 万元。

(2) 资料二见表 3。

表 3　　　　　　　　　　　　　　资料二　　　　　　　　　　　金额单位:万元

| 甲　公　司 | | | | | 索引号:B1-2 |
|---|---|---|---|---|---|
| 产成品审计表 | | | 编制:(略) | 日期:2024 年 3 月 5 日 | |
| 截至 2023 年 12 月 31 日 | | | 审核:(略) | 日期:2024 年 3 月 5 日 | |
| | | 2023 年 | | | 2022 年 |
| | 索引 | 未审数 | 审计调整 | 审定数 | 已审数 |
| A 产品 | 注释 1 | 450 | | 450 | 150 |
| B 产品 | 注释 2 | 280 | 40 | 320 | 500 |
| C 产品 | 注释 3 | 170 | 20 | 190 | 300 |
| …… | (略) | … | … | … | … |
| 减:存货跌价准备 | B1-3 | 0 | 0 | 0 | 0 |
| 合计 | | 3 000 | 100 | 3 100 | 2 800 |

注释 1:A 产品是甲公司目前最畅销的产品,2023 年平均每月销售量约 20 000 件,并且预计 2024 年的售价和销量都将有所上升。根据 A 产品盘点结果,2023 年年末结存金额中未包括已于 2023 年 12 月 31 日对外开具销售发票但未发货的 1 000 件 A 产品(成本 30 万元)。据甲公司销售经理介绍,客户实际于 2023 年 12 月 31 日向甲公司采购共计 2 000 件 A 产品,甲公司已于 2023 年 12 月 31 日向客户开具 2 000 件的销售发票,并确认销售收入。其中 1 000 件已于 2023 年 12 月 31 日交付客户。甲公司仓库于 2023 年年末工作繁忙,剩余 1 000 件实际于 2024 年 1 月 10 日交付客户。甲公司销售经理表示客户知道甲公司延迟发货的安排,且未提战异议。我们检查了甲公司于 2023 年 12 月 31 日开具的销售发票,以及于 2024 年 1 月 10 日的交货记录,没有发现异常。审计处理建议:无须提出审计调整建议。

注释 2:B 产品曾经是甲公司的主要产品之一,但随着 A 产品的推出,月销量已自 2023 年 1 月的约 10 000 件下降至 2023 年 12 月的约 3 000 件,并且预计 2024 年的售价和销量都将继续下跌。事实上,甲公司已于 2024 年 2 月初宣布 B 产品降价 10%。2023 年 12 月末销售的 1 000 件 B 产品(成本为 40 万元)在 2024 年 1 月 5 日被退回。甲公司相应冲减了 2023 年 1 月的主营业务收入。我们检查了相关销货退回协议以及 2024 年 1 月 5 日的入库记录,没有发现异常。审计处理建议:已提出审计调整建议,冲回该 1 000 件 B 产品于 2023 年度所确认的相关主营业务收入、主营业务成本和应收账款,并相应调整增加 2023 年年末 B 产品余额 40 万元。

注释 3:C 产品已自 2024 年 2 月起停产。我们对 C 产品于 2023 年 12 月 31 日的发出计价进行了测试[索引号(略)],注意到 C 产品于 2023 年 12 月结转主营业务成本所用的单位成本计算有误,导致多转主营业务成本 20 万元。审计处理建议:已提出审计调整建议,冲回 C 产品于 2023 年度多结转的主营业务成本 20 万元,并相应调整增加 2023 年年末 C 产品余额 20 万元。

(3) 资料三见表 4。

表 4　　　　　　　　　　　　　　资料三　　　　　　　　　　　金额单位:万元

| 甲　公　司 | | | | | | 索引号:B1-3 |
|---|---|---|---|---|---|---|
| 存货跌价准备审计表 | | | | 编制:(略) | 日期:2024 年 3 月 5 日 | |
| 截至 2023 年 12 月 31 日 | | | | 审核:(略) | 日期:2024 年 3 月 5 日 | |
| | 索引 | 结存成本 | 可变现净值 | 应计提的跌价准备 | 账面已计提的跌价准备 | 差异 |
| A 原材料 | 注释 1 | 40 | 120 | 0 | 0 | 0 |

(续表)

| | 索引 | 结存成本 | 可变现净值 | 应计提的跌价准备 | 账面已计提的跌价准备 | 差异 |
|---|---|---|---|---|---|---|
| B原材料 | 注释1 | 200 | 210 | 0 | 0 | 0 |
| C原材料 | 注释1 | 50 | 55 | 0 | 0 | 0 |
| …… | （略） | … | … | … | … | … |
| 小计 | | 2 000 | | 0 | 0 | 0 |
| A产品 | 注释2 | 450 | 590 | 0 | 0 | 0 |
| B产品 | 注释2 | 280 | 290 | 0 | 0 | 0 |
| C产品 | 注释2 | 170 | 180 | 0 | 0 | 0 |
| …… | （略） | … | … | … | … | … |
| 小计 | | 3 000 | | 0 | 0 | 0 |

注释1：原材料可变现净值按照于2023年12月31日的相关原材料市场价格扣除对外转让原材料的预计销售费用和相关税费确定。

我们核对了相关原材料供应商于2023年12月31日的报价、预计销售费用和税费的计算表［索引号（略）］，没有发现差异。审计处理建议：无须提出审计调整建议。

注释2：产成品可变现净值按照与2023年12月31日的相关产品销售价格扣除必要的销售费用和相关税费确定。

我们核对了甲公司相关产品于2023年12月31日的售价目录以及预计销售费用和税费的计算表［索引号（略）］，没有发现差异。审计处理建议：无须提出审计调整建议。

要求：

（1）针对资料一的注释1至注释3，假定不考虑其他条件，逐项指出相关审计处理建议是否存在不当之处，并简要说明理由。如果存在不当之处，简要提出改进建议。将答案直接填入答题卷的相应表格内。

（2）针对资料二的注释1至注释3，假定不考虑其他条件，逐项指出相关审计处理建议是否存在不当之处，并简要说明理由。如果存在不当之处，简要提出改进建议。将答案直接填入答题卷的相应表格内。

（3）针对资料三，结合资料一和资料二，假定不考虑其他条件，指出资料三所列的存货跌价准备审计表的内容存在哪些不当之处。

（4）针对资料三，结合资料一和资料三，假定不考虑其他条件，针对A原材料、B原材料和C原材料，以及A产品、B产品和C产品，逐项指出是否存在需要建议甲公司计提存货跌价准备的情况，并简要说明理由。

# 模拟测试题(二)参考答案

## 一、单项选择题

| 1 | 2 | 3 | 4 | 5 | 6 | 7 | 8 | 9 | 10 |
|---|---|---|---|---|---|---|---|---|---|
| D | A | C | D | D | B | D | C | D | D |
| 11 | 12 | 13 | 14 | 15 | 16 | 17 | 18 | 19 | 20 |
| C | B | B | B | A | A | A | C | A | A |
| 21 | 22 | 23 | 24 | 25 | | | | | |
| D | D | D | C | D | | | | | |

## 二、多项选择题

| 26 | 27 | 28 | 29 | 30 | 31 | 32 | 33 | 34 | 35 |
|---|---|---|---|---|---|---|---|---|---|
| BCD | BC | ABC | BD | AB | ABCD | ABC | BD | ABC | ABCD |

## 三、简答题

36. 答案见表1。

表1　　　　　　　审计程序、审计目标、审计证据类型

| 题号 | 审计程序 | 审计目标 | 审计证据类型 |
|---|---|---|---|
| (1) | 对期末现金进行重新盘点 | 报表反映适当性 | 实物证据<br>书面证据 |
| (2) | 对期末存货截止期进行测试 | 存货存在性,会计记录完整性 | 书面证据 |
| (3) | 询问管理当局,函证××公司 | 存货存在性,会计记录完整性,所有权 | 书面证据 |
| (4) | 询问管理当局,函证××公司,审阅相应有关合同与信函 | 所有权归属,报表反映适当性 | 书面证据 |
| (5) | 对上一年度的会计记录进行适当审阅并与前任注册会计师沟通 | 报表反映适当性 | 书面证据 |

37. 应收账款函证结果与被审计单位会计记录不一致的主要原因有:

(1) 被审计单位与债务人入账时间可能不一致。

(2) 被审计单位与债务人一方或双方存在记账错误。

(3) 被审计单位可能存在弄虚作假或舞弊的行为。

在出现差异时,注册会计师应相应实施的审计程序主要有:

(1) 分析出现差异的原因,作进一步核实。

(2) 调节被审计单位与债务人的会计记录,确定有无记账错误。

(3) 证实被审计单位是否存在虚列应收账款等其他舞弊行为。

38. 答案见表2。

表2　　　　　　　接受函证对象、函证的主要内容、函证方式

| 项目名称 | 接受函证对象 | 函证的主要内容 | 函证方式 |
| --- | --- | --- | --- |
| (1) 银行存款 | 所审计期间所有与被审计单位有往来的金融机构 | (1) 存款户账号、性质及余额等;<br>(2) 贷款性质、担保或抵押品、贷款期限、利率及余额等 | 积极式 |
| (2) 应收票据 | 票据开出人 | 付款日、到期金额、抵押担保物说明 | 积极式 |
| (3) 应收账款 | 债务人 | 应收金额 | 积极式或消极式 |
| (4) 其他应收款 | 债务人 | 应收金额 | 积极式或消极式 |
| (5) 应付账款 | 债权人 | 应付金额 | 积极式或消极式 |
| (6) 抵押借款 | 债权人 | (1) 债权金额;<br>(2) 抵押说明;<br>(3) 对是否遵守抵押契约表示意见 | 积极式 |
| (7) 实收股本 | 抵押人:<br>(1) 交易所;<br>(2) 证券托管机构 | 股份数额 | 积极式 |

39. (1) 存货监盘的目标不正确,应该是获取丙公司2023年12月31日有关存货数量和状况以及有关管理层存货盘点程序可靠性的审计证据,检查存货的数量是否真实完整,是否归属被审计单位,存货有无毁损、陈旧、残次和短缺等状况。

存货监盘的范围不正确,应该是2023年12月31日库存的玻璃、煤炭和烧碱,并不应该包括其他公司存放在本公司的水泥。

存货监盘的时间不正确,存货监盘的时间应该包括实地察看盘点现场的时间、观察存货盘点的时间和对已盘点存货实施检查的时间等,应当与被审计单位实施存货盘点的时间相协调,所以应为2023年12月29日至12月31日。

(2) 程序1:"与管理层讨论存货监盘计划"是不恰当的,应该是与被审计单位管理层复核或讨论其存货盘点计划。

程序2:"观察丙公司盘点人员是否按照盘点计划盘点"是恰当的。

程序3:"检查相关凭证以证实盘点截止日前所有已确认为销售但尚未装运出库的存货均已纳入盘点范围"是不恰当的,应该是检查所有在截止日前已确认为销售但尚未装运出库的存货均未纳入盘点范围。

程序4:"对于存放在外地公用仓库的玻璃,主要实施检查装运文件、出库记录等替代程序"是不恰当的,应该主要通过函证或利用其他注册会计师工作等替代程序来进行查验。

40.（1）乙注册会计师通过向开户银行函证,不仅可以查明 P 公司的银行存款、借款的存在,还可以发现企业未登记入账的银行存款、借款。

（2）在询证函内指明回函请直接寄往乙注册会计师所在的会计师事务所,或在询证函内附上贴足邮票的以乙注册会计师的会计师事务所为回函地址的信封。乙注册会计师直接收回开户银行询证函的目的是防止 P 公司截留或更改回函。

（3）乙注册会计师应检查银行存款余额调节表中未达账项的真实性,以及财务报表日后的入账情况。

（4）乙注册会计师索取开户银行 2024 年 1 月 31 日的银行对账单,可以证实列示在银行存款余额调节表上的在途存款和未兑现支票的真实性。

41.（1）尽管委托人对迟收账单以转账方式入账,简化了注册会计师对未入账债务的抽查,也减少了进一步调整的可能性,但这不影响注册会计师抽查 2024 年付款记账凭证。注册会计师通过实施该项测试,可以查明有关 2023 年的验收单、卖方发票是否均已包括在转账分录内。这种抽查步骤与委托人自信十分完整、正确的报表仍须审核的理由是相同的。

（2）客户提供的无漏记债务声明书不能作为正当审计程序,仅提供给注册会计师额外的保证,作为一种内部证据,其证明力较弱,故无法减轻注册会计师应作抽查的责任。

（3）如果注册会计师已查明内部审计人员具有专业胜任能力和合理的独立性,并且已经抽查了未入账的债务,在和内部审计人员讨论其程序的性质、时间、范围并审阅其工作底稿后,注册会计师可减少本身拟进行的未入账债务抽查工作,但只是减少,绝不能取消该抽查工作。

（4）注册会计师审查未入账债务,还可以通过如下途径：①未归档的购货发票；②客户以前年度未曾核定的所得税结算申报书；③与客户职员商讨；④客户管理当局的声明书；⑤与上年账户余额相比较；⑥期后对期内相关付款的审核；⑦现有契约、合约、议事录、律师的账单和信件往来；⑧主要供货商间的信件往来；⑨抽查截止日期的有关账户,如存货、固定资产等。

## 四、综合题

42.（1）答案见表 3。

表 3　　　　　　　　　　资料一不当之处

| 资料一的注释 | 审计处理建议是否存在不当之处(是/否) | 理　由 | 改　进　建　议 |
| --- | --- | --- | --- |
| 注释 1 | 是 | 所收到的采购折扣对应的是 2023 年度全年采购的 A 原材料,不应全部冲减 2023 年年末 A 原材料余额 | 应该根据 2023 年度全年采购的 A 原材料在 2023 年度的使用以及年末结存情况,建议甲公司将已经于 2023 年度耗用部分所对应的采购折扣调整冲减 2023 年年末相应产成品成本以及 2023 年度的相应主营业务成本 |

(续表)

| 资料一的注释 | 审计处理建议是否存在不当之处(是/否) | 理　由 | 改 进 建 议 |
|---|---|---|---|
| 注释2 | 否 | 材料已于2023年入库,应当确认为甲公司2023年存货 | — |
| 注释3 | 是 | 不能因为没有收货就冲回相应存货,可能是在途材料 | 要进一步检查相关存货发货情况和采购合同而定。如果合同约定供应商发货即转移相关原材料风险和报酬,并且于2023年12月31日供应商已经发货,则不应冲回相应存货 |

(2)答案见表4。

表4　　　　　　　　资料二不当之处

| 资料二的注释 | 审计处理建议是否存在不当之处(是/否) | 理　由 | 改 进 建 议 |
|---|---|---|---|
| 注释1 | 是 | 实际发货时间在2024年,客户对延迟发货没有异议不一定意味着相关1 000件A产品的风险和报酬在2023年年末已经转移给客户 | 需要进一步检查是否满足收入确认条件;例如,相关延迟发货是否根据客户的明确要求而作出,客户是否在2023年12月31日已经确认收货但要求寄存在甲公司,并且甲公司是否已经在2023年12月31日将该批产品单独存放。如果不能满足风险和报酬转移的条件,则应当在2024年实际发货时才确认收入 |
| 注释2 | 否 | 财务报表批准报出日前的销售退回是调整事项 | — |
| 注释3 | 否 | 计价错误导致的多转主营业务成本应予以冲回 | — |

(3)资料三所列的存货跌价准备审计表的内容主要存在以下不当之处:

第一,所列示的存货结存成本金额不当。用于测试存货跌价准备的结存成本金额应该考虑对存货成本的审计调整的影响。

第二,用来确定原材料可变现净值的方法不当。持有用于生产的原材料的可变现净值不应当基于相关原材料市场价格而确定,应当参考所生产的产品的估计售价减去至完工时估计将要发生的成本、估计的销售费用以及相关税费后的金额来确定。

第三,用来确定产成品可变现净值的方法不当。产成品的可变现净值需要考虑财务报表日后事项的影响,而不能简单地直接以12月31日售价为基础确定。

第四,审计处理建议不当。如果正确确定相关原材料和产成品的可变现净值,有部分原材料和产成品可能存在需要计提存货跌价准备的情况。

(4) 答案见表5。

表5　　　　　　　　甲公司计提存货跌价准备的情况

| 存货项目 | 是否存在需要建议甲公司计提存货跌价准备的情况(是/否) | 理　　由 |
| --- | --- | --- |
| A原材料 | 否 | 所生产的A产品的可变现净值高于成本 |
| B原材料 | 是 | 所生产的B产品的可变现净值低于成本 |
| C原材料 | 是 | 所生产的C产品的可变现净值低于成本 |
| A产成品 | 否 | 基于2023年年末售价计算的可变现净值已经高于成本,后续售价预计还将上涨,不存在需要计提存货跌价准备的情况 |
| B产成品 | 是 | 2023年年末库存约有8 000件(320÷40×1 000),由于2023年12月销量为约3 000件,并且预计2024年的销量仍将继续下跌,预计该批库存将有相当部分会在2024年1月之后售出。由于甲公司已经于2024年2月初宣布B产品降价10%,考虑财务报表日后的预计售价变化,以及基于2023年年末售价计算的可变现净值仅高于成本3.5%[(290-280)÷280]的情况,2023年年末结存的B产品的预计可变现净值低于成本而存在需要计提存货跌价准备的情况 |
| C产成品 | 是 | 考虑到冲回多转主营业务成本20万元的影响;其可变现净值已经低于调整后成本,存在需要计提存货跌价准备的情况 |